초등 권장 한자 300자 익히기

한자능력 키움

[8~6급]

머리말

　필자의 아내는 초등학교에서 학생들을 가르치고 있습니다. 아내가 종종 필자에게 "수업을 해보면 어휘력에 있어서 한자를 공부한 학생과 하지 않은 학생간의 차이가 무척 크다."라고 합니다. 그래서 어떤 차이가 있냐고 물어보면, "한자를 공부한 학생은 단어의 개념을 빨리 이해하고 그만큼 성적도 잘 나온다고 합니다." 이런 이유로 고등학교에서 한문을 가르치는 필자보다도 더 초등학교 때부터의 한자교육을 강조합니다.

　시험 삼아 초등학교 3학년 국어 책을 보니 어려운 단어들이 상당히 많이 보입니다. 그 중 하나의 예를 들어 보겠습니다.

**　　　　　호랑이는 멸종 위기에 놓이게 되었다고 합니다.**

　멸종의 한자를 보면, 滅(없어질 멸), 種(씨 종)입니다. 한자로 풀어보면, '씨가 없어지다'라는 뜻이 됩니다. 우리가 흔히 쓰는 '씨가 마르다'는 표현과 의미가 통하는 것이지요. 멸종의 뜻을 알고 나면 위 문장을 쉽게 이해할 수 있겠네요.

　이왕 滅자를 알게 되었으니, 이 글자가 들어있는 단어는 어떤 것들이 있는지 좀 볼까요? 교과서에 많이 등장하는 단어로 멸망(滅亡: 망하여 없어짐)이 있네요. 이뿐일까요? 불멸(不滅: 없어지지 아니함), 전멸(全滅: 전부 없어짐), 멸균(滅菌: 세균을 없앰), 소멸(消滅: 사라져 없어짐) 등도 있습니다. 이렇게 한자를 하나 알면 그 한자가 들어가는 많은 단어들의 의미를 쉽게 알 수 있지요. 그러니 한자를 공부한 학생과 하지 않은 학생은 어휘력에서 차이가 날 수 밖에 없는 것입니다.

한자 공부가 중요하지만 조급히 서두를 필요는 없습니다. 그럴수록 싫증나고 부담만 커지니까요. 욕심내지 않고 일정한 분량에 따라 매일 차근차근 공부를 하다보면 어느 순간 상당한 분량의 한자를 알게 될 것입니다. 그리고 그만큼 공부는 쉬워지고 성적은 올라가는 것을 느끼게 될 것입니다.

시중에는 초등학생들이 급수한자 공부를 하기에 좋은 책들이 많이 나와 있습니다. 그런데 필자가 보기에 아쉬운 부분도 없지는 않기에 그런 점들을 보완하여 본서를 출판하게 되었습니다. 본서는 한국어문회가 선정한 초등권장한자 중에서 8~6급 300자를 한권으로 묶어 초등학생들이 학습하기 적당한 분량으로 만들었습니다. 초등학교에서 재직하는 아내의 의견에 따라 초등학생의 입장에서 직관적이고 단순하게 내용을 구성하고, 날마다 일정한 분량을 나누어 초등학생들이 지루해하지 않고 부담 없이 공부할 수 있게 하였습니다.

이 책으로 공부하는 초등학생 여러분! 한자능력도 키우고 성적도 올리는 좋은 결과가 있기를 기대합니다.

저자 씀

한자능력 키움 차례

머리말 ······ 2	16일차 ······ 48
차례 ······ 4	17일차 ······ 50
이 책의 구성과 특징 ······ 6	18일차 ······ 52
한자능력검정시험알기 ······ 8	19일차 바로바로 복습과 고사성어 알기 ······ 54
한자의 유래 ······ 10	20일차 ······ 56
	21일차 ······ 58
8급 급수한자 50자 미리보기 ······ 15	22일차 ······ 60
1일차 ······ 16	23일차 ······ 62
2일차 ······ 18	24일차 ······ 64
3일차 ······ 20	25일차 바로바로 복습과 고사성어 알기 ······ 66
4일차 ······ 22	26일차 7급Ⅱ 기출 문제 ······ 68
5일차 ······ 24	
6일차 바로바로 복습과 고사성어 알기 ······ 26	7급 급수한자 50자 미리보기 ······ 71
7일차 ······ 28	27일차 ······ 72
8일차 ······ 30	28일차 ······ 74
9일차 ······ 32	29일차 ······ 76
10일차 ······ 34	30일차 ······ 78
11일차 ······ 36	31일차 ······ 80
12일차 바로바로 복습과 고사성어 알기 ······ 38	32일차 바로바로 복습과 고사성어 알기 ······ 82
13일차 8급 기출 문제 ······ 40	33일차 ······ 84
	34일차 ······ 86
7급Ⅱ 급수한자 50자 미리보기 ······ 43	35일차 ······ 88
14일차 ······ 44	36일차 ······ 90
15일차 ······ 46	37일차 ······ 92

38일차 바로바로 복습과 고사성어 알기 ············ 94
39일차 7급 기출 문제················· 96

6급Ⅱ 급수한자 75자 미리보기 ············ 99
40일차 ················· 100
41일차 ················· 102
42일차 ················· 104
43일차 ················· 106
44일차 ················· 108
45일차 바로바로 복습과 고사성어 알기 ············ 110
46일차 ················· 112
47일차 ················· 114
48일차 ················· 116
49일차 ················· 118
50일차 ················· 120
51일차 바로바로 복습과 고사성어 알기 ············ 122
52일차 ················· 124
53일차 ················· 126
54일차 ················· 128
55일차 ················· 130
56일차 ················· 132
57일차 바로바로 복습과 고사성어 알기 ············ 134
58일차 6급Ⅱ 기출 문제 ················· 136

6급 급수한자 75자 미리보기 ············ 139
59일차 ················· 140
60일차 ················· 142
61일차 ················· 144
62일차 ················· 146
63일차 ················· 148
64일차 바로바로 복습과 고사성어 알기 ············ 150
65일차 ················· 152
66일차 ················· 154
67일차 ················· 156
68일차 ················· 158
69일차 ················· 160
70일차 바로바로 복습과 고사성어 알기 ············ 162
71일차 ················· 164
72일차 ················· 166
73일차 ················· 168
74일차 ················· 170
75일차 ················· 172
76일차 바로바로 복습과 고사성어 알기 ············ 174
77일차 6급 기출 문제················· 176

정답 ················· 180

이 책의 구성과 특징

이 책은 사단법인 한국어문회가 주관하는 전국한자능력검정시험 검정급수에서 초등학생을 권장 대상으로 하는 한자 중 8급~6급에 해당하는 한자 300자를 한권에 담았습니다. 학습할 300자는 한국어문회에서 정한 8급, 7급Ⅱ, 7급, 6급Ⅱ, 6급을 단계별로 하루에 5자씩 익힐 수 있도록 구성하였습니다. 각 한자에 있는 그림들을 연상하면서 한자쓰기를 하면 더 쉽게 한자 공부를 할 수 있습니다.

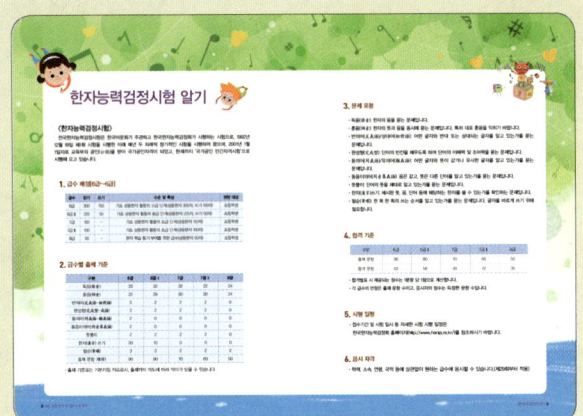

한자능력검정시험 알기

한자능력검정시험에서 권장 대상이 초등학생인 8급, 7급Ⅱ, 7급, 6급Ⅱ, 6급의 단계별 급수 배정 한자 수, 실제 출제되는 문제의 유형, 급수별 출제 기준과 합격 기준, 시험 일정에 대한 내용을 쉽게 알 수 있도록 구성하였습니다.

한자의 유래 알기

본격적인 한자 공부에 앞서 한자에 관한 기본적인 사항을 알아두는 것이 좋습니다. 한자의 유래와 한자의 3요소를 정리하고, 한자를 쓰는 순서인 필순을 정리하였습니다. 또한 우리가 한자를 공부해야 하는 이유를 설명하였습니다.

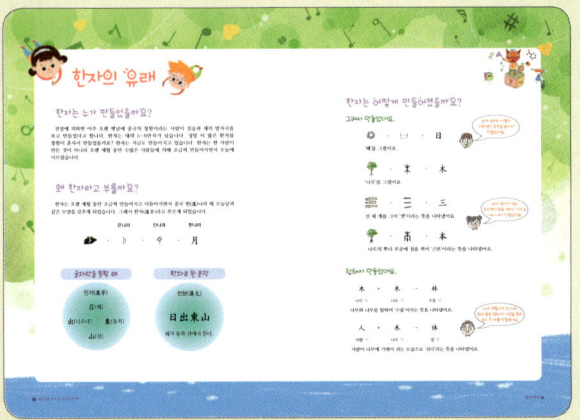

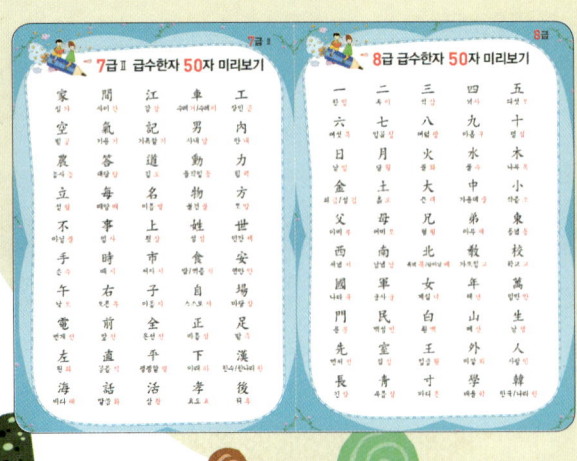

급수별 한자 미리보기

8급 배정 한자 50자, 7급Ⅱ 배정 한자 50자, 7급 배정 한자 50자, 6급Ⅱ 배정 한자 75자, 6급 배정 한자 75자를 한눈에 볼 수 있도록 한자와 그 한자의 음과 훈을 정리하였습니다. 매일 급수별 한자를 쓰고 문제를 풀어본 다음에 다시 한 번 각 급수별 배정 한자를 읽어보면 한자 공부에 도움이 됩니다.

매일 급수별 한자 쓰고 풀이하기

매일 5개의 한자를 필순에 따라서 익히도록 합니다.
학습량은 하루 5개 또는 10개씩 정해두고 꾸준히 공부하는 것이 좋습니다.

공부를 시작할 때 꼭 월일을 적고, 그날에 해당하는 내용은 반드시 그날 끝내도록 합니다.

초등학교 교과서에서 나오는 수준의 한자어로 예시를 들고 뜻을 쉽게 파악할 수 있도록 간결하게 정리하였습니다. 한자쓰기를 하면서 예시 어휘들을 함께 공부하는 것이 학습에 효과적입니다.

한자쓰기 칸을 위에 8개, 아래에 8개를 만들었습니다. 윗부분은 음영대로 한자쓰기를 해보고, 아랫부분은 위에서 써 본대로 다시 한 번 칸에 맞게 음과 훈을 읽으면서 또박또박 잘 써보기 바랍니다.

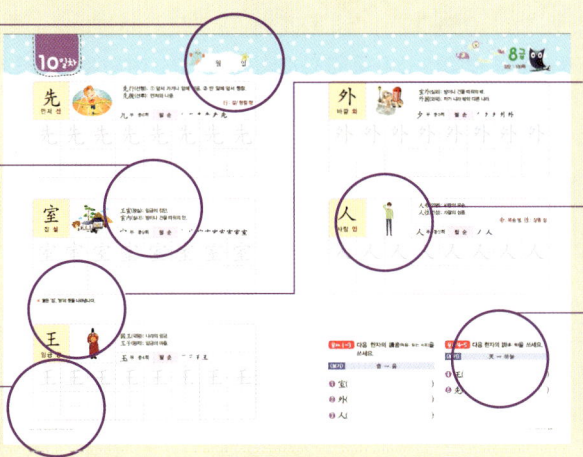

해당 한자를 학습할 내용 중 독음, 뜻, 모양이 비슷한 한자, 부수의 변형 등 학습 중 의문을 가질만한 내용에 대하여 알기 쉽게 설명하였습니다.

그림을 통해 한자를 연상할 수 있도록 하였습니다.

문제는 실제 기출문제에 나오는 형식을 그대로 응용하였습니다. 배운 내용을 기억하면서 한 문제 한 문제 정성스럽게 풀다보면 실력이 향상됩니다.

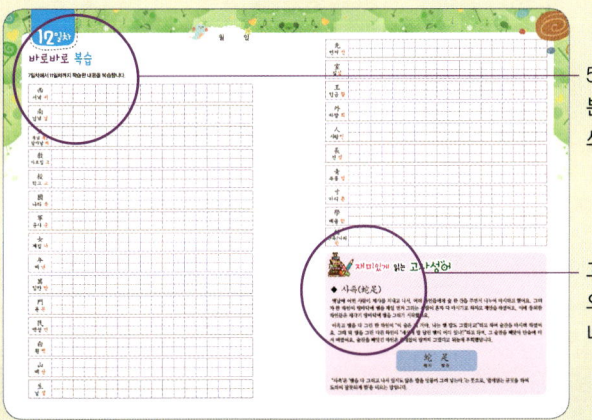

5일 동안 배운 내용을 복습해 보는 부분입니다. 한 글자 한 글자 정성스럽게 쓰고 꼭 익혀두도록 합니다.

고사성어가 유래된 내용을 재미있게 읽으면서 고사성어의 뜻을 새겨두도록 합니다.

기출문제로 실전문제 풀이하기

한국어문회에서 출제된 기출문제를 실었습니다. 실제 급수시험을 본다는 마음으로 문제를 풀어 보도록 합니다. 될 수 있으면 각 급수별 시험 시간을 맞춰두고 문제를 풀어보는 것이 좋습니다. 반드시 10분 전에는 문제 풀이를 마치고, 5분 동안 점검을 한 다음에 5분 동안 정답을 표시한다는 생각으로 문제 풀이를 하면 실전에서도 유용합니다.

한자능력검정시험 알기

〈한자능력검정시험〉

전국한자능력검정시험은 한국어문회가 주관하고 한국한자능력검정회가 시행하는 시험으로, 1992년 12월 19일 제1회 시험을 시행한 이래 매년 두 차례씩 정기적인 시험을 시행하여 왔으며, 2001년 1월 1일자로 교육부의 공인(公認)을 받아 국가공인자격이 되었고, 현재까지 '국가공인 민간자격시험'으로 시행해 오고 있습니다.

1. 급수 배정[8급~6급]

급수	읽기	쓰기	수준 및 특성	권장 대상
6급	300	150	기초 상용한자 활용의 고급 단계(상용한자 300자, 쓰기 150자)	초등학생
6급Ⅱ	225	50	기초 상용한자 활용의 중급 단계(상용한자 225자, 쓰기 50자)	초등학생
7급	150	–	기초 상용한자 활용의 초급 단계(상용한자 150자)	초등학생
7급Ⅱ	100	–	기초 상용한자 활용의 초급 단계(상용한자 100자)	초등학생
8급	50	–	한자 학습 동기 부여를 위한 급수(상용한자 50자)	초등학생

2. 급수별 출제 기준

구분	6급	6급Ⅱ	7급	7급Ⅱ	8급
독음(讀音)	33	32	32	22	24
훈음(訓音)	22	29	30	30	24
반의어(反義語–相對語)	3	2	2	2	0
완성형(完成型–成語)	3	2	2	2	0
동의어(同義語–類義語)	2	0	0	0	0
동음이의어(同音異義語)	2	0	0	0	0
뜻풀이	2	2	2	2	0
한자(漢字) 쓰기	20	10	0	0	0
필순(筆順)	3	3	2	2	2
출제 문항 계(計)	90	80	70	60	50

• 출제 기준표는 기본지침 자료로서, 출제자의 의도에 따라 차이가 있을 수 있습니다.

3. 문제 유형

- 독음(讀音): 한자의 음을 묻는 문제입니다.
- 훈음(訓音): 한자의 뜻과 음을 동시에 묻는 문제입니다. 특히 대표 훈음을 익히기 바랍니다.
- 반의어(反義語)/상대어(相對語): 어떤 글자와 반대 또는 상대되는 글자를 알고 있는가를 묻는 문제입니다.
- 완성형(完成型): 단어의 빈칸을 채우도록 하여 단어의 이해력 및 조어력을 묻는 문제입니다.
- 동의어(同義語)/유의어(類義語): 어떤 글자와 뜻이 같거나 유사한 글자를 알고 있는가를 묻는 문제입니다.
- 동음이의어(同音異義語): 음은 같고, 뜻은 다른 단어를 알고 있는가를 묻는 문제입니다.
- 뜻풀이: 단어의 뜻을 제대로 알고 있는가를 묻는 문제입니다.
- 한자(漢字)쓰기: 제시된 뜻, 음, 단어 등에 해당하는 한자를 쓸 수 있는가를 확인하는 문제입니다.
- 필순(筆順): 한 획 한 획의 쓰는 순서를 알고 있는가를 묻는 문제입니다. 글자를 바르게 쓰기 위해 필요합니다.

4. 합격 기준

구분	6급	6급Ⅱ	7급	7급Ⅱ	8급
출제 문항	90	80	70	60	50
합격 문항	63	56	49	42	35

- 합격발표 시 제공되는 점수는 1문항 당 1점으로 계산합니다.
- 각 급수의 만점은 출제 문항 수이고, 응시자의 점수는 득점한 문항 수입니다.

5. 시행 일정

- 접수기간 및 시험 일시 등 자세한 시험 시행 일정은
한국한자능력검정회 홈페이지(http://www.hanja.re.kr/)를 참조하시기 바랍니다.

6. 응시 자격

- 학력, 소속, 연령, 국적 등에 상관없이 원하는 급수에 응시할 수 있습니다.(제29회부터 적용)

한자의 유래

한자는 누가 만들었을까요?

전설에 의하면 아주 오랜 옛날에 중국의 창힐이라는 사람이 짐승과 새의 발자국을 보고 만들었다고 합니다. 한자는 대략 5~6만자가 넘습니다. 정말 이 많은 한자를 창힐이 혼자서 만들었을까요? 한자는 지금도 만들어지고 있습니다. 한자는 한 사람이 만든 것이 아니라 오랜 세월 동안 수많은 사람들에 의해 조금씩 만들어지면서 오늘에 이르렀습니다.

왜 한자라고 부를까요?

한자는 오랜 세월 동안 조금씩 만들어지고 다듬어지면서 중국 한(漢)나라 때 오늘날과 같은 모양을 갖추게 되었습니다. 그래서 한자(漢字)라고 부르게 되었습니다.

| 은나라 | 진나라 | 한나라 |

🌑 → ☾ → ⊖ → 月

글자만을 뜻할 때: 한자(漢字)

日〔해〕
出〔나오다〕　東〔동쪽〕
山〔산〕

한자로 된 문장: 한문(漢文)

日 出 東 山

해가 동쪽 산에서 뜬다.

한자는 어떻게 만들어졌을까요?

그려서 만들었어요.

눈에 보이는 사물의 구체적인 모양을 본떠서 만들었어요.

☀ → ⊟ → 日

'해'를 그렸어요.

🌳 → ✹ → 木

'나무'를 그렸어요.

눈에 보이지 않는 추상적인 뜻을 점이나 선으로 나타내어 만들었어요.

 → 三 → 三

선 세 개를 그어 '셋'이라는 뜻을 나타냈어요.

 → 朩 → 本

나무의 뿌리 부분에 점을 찍어 '근본'이라는 뜻을 나타냈어요.

합해서 만들었어요.

이미 만들어진 한자의 뜻과 뜻을 합하여 새로운 뜻과 음의 한자를 만들었어요.

木 + 木 → 林

나무 목   나무 목   수풀 림

나무와 나무를 합하여 '수풀'이라는 뜻을 나타냈어요.

人 + 木 → 休

사람 인   나무 목   쉴 휴

사람이 나무에 기대어 쉬는 모습으로 '쉬다'라는 뜻을 나타냈어요.

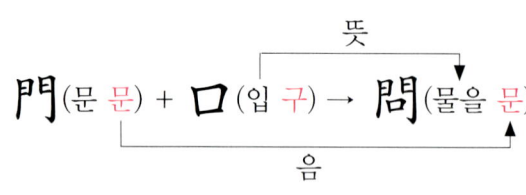
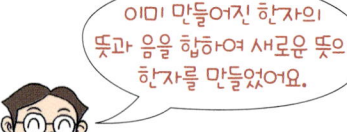

한자의 3요소

한자는 하나하나의 글자가 일정한 모양과 음과 뜻[1]을 가지고 있습니다.

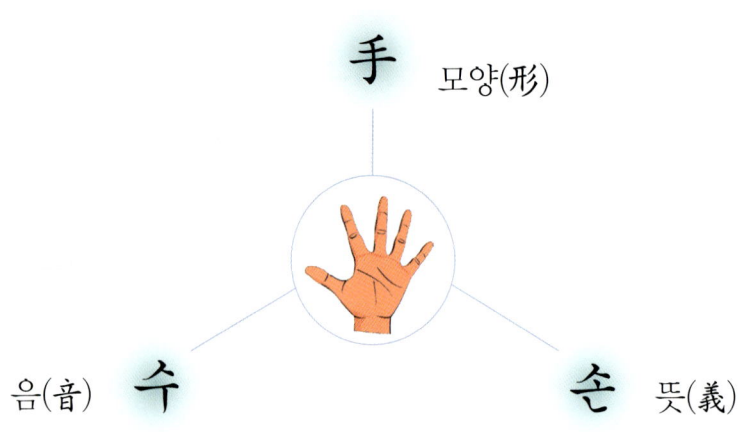

모양(形)	소리(音)	뜻(義)
天	천	하늘
目	목	눈
靑	청	푸르다

1) 이전에는 한자의 3요소에 대하여 모양·소리·뜻이라고 하였으나, 2015 개정교육과정에 의하여 2018년부터 중고등학교 한문 교과서에는 모양·음·뜻이라고 하므로 필자는 이에 따릅니다.

한자의 필순

한자를 쓰는 순서를 필순이라고 합니다. 한자는 일반적인 원칙을 따라 씁니다. 다음과 같은 순서에 따라 쓰면 한자를 바르고 예쁘게 쓸 수 있습니다.

한자의 일반적인 필순	
1. 위에서 아래로 쓴다.	三 : 一 二 三
2. 왼쪽에서 오른쪽으로 쓴다.	川 : ノ 丿 川
3. 가로, 세로가 겹칠 때는 가로획을 먼저 쓴다.	十 : 一 十
4. 좌우 모양이 같을 때에는 가운데를 먼저 쓴다.	小 : 亅 小 小
5. 가운데를 뚫는 획은 나중에 쓴다.	中 : 丨 口 口 中
6. 삐침과 파임이 만날 때에는 삐침을 먼저 쓴다.	人 : ノ 人 ノ : 삐침 ㇏ : 파임
7. 오른쪽 위에 있는 점은 맨 뒤에 찍는다.	犬 : 一 ナ 大 犬
8. 몸과 안이 있을 때는 몸부터 먼저 쓴다.	同 : 丨 冂 冂 同 同 同
9. 책받침은 나중에 쓴다.	道 : 丷 丷 쓰 圤 首 首 首 首 道 道

한자의 부수

한자를 공부하기 위해서는 자전(字典)이 필요합니다. 자전이란 한자를 부수(部首)와 획수에 따라 배열하고 글자 하나하나의 음과 뜻을 풀이한 책으로, 이를 옥편(玉篇)이라고도 합니다.

자전을 사용하려면 부수에 대해 알아야 합니다. 부수란 한자를 분류하는 데 필요한 자획의 공통부분으로, 총 214자입니다. 부수는 한자의 뜻과 관련이 깊기 때문에 부수를 알면 한자의 뜻을 쉽게 이해할 수 있습니다.

木	材	林	松	枝
	재목 재	수풀 림	소나무 송	가지 지
부수	木이 부수인 한자: 각 한자의 뜻은 나무와 관련이 있습니다.			

※ 木은 자체가 부수입니다. 이처럼 글자 자체가 부수인 경우에 '제부수'라고 합니다.

부수는 쓰이는 위치에 따라 모양이 달라지기도 합니다.

人(사람 인) → 亻 : 仁(어질 인), 休(쉴 휴)
水(물 수) → 氵 : 江(강 강), 海(바다 해)
艸(풀 초) → 艹 : 花(꽃 화), 草(풀 초)

부수가 다른 한자와 합쳐질 때 모양이 변하는 것은 글자의 균형을 맞춰 쉽게 쓸 수 있도록 하기 위함입니다.

한자를 왜 공부해야 할까요?

어휘력이 늘어요: 우리말의 약 70%가 한자로 된 어휘입니다.
공부에 도움이 됩니다: 학습 용어의 상당수가 한자 어휘로 되어 있습니다.
올바른 인성을 길러요: 한문 속에는 바람직한 인성을 기를 수 있는 자료가 많습니다.
일본어와 중국어를 쉽게 배울 수 있어요: 한자는 우리나라, 중국, 일본 등이 함께 사용하여 한자문화권을 형성하였습니다.

우리말의 약 70%가 한자로 된 어휘여서 꼭 배워야 해요.

한문을 배우면 어휘력과 사고력이 늘어요.

한문을 배우면 올바른 인성을 기를 수 있어요.

한문을 배우면 일본어와 중국어를 배우는 데 유리해요.

8급 급수한자 50자 미리보기

一 한 일	二 두 이	三 석 삼	四 넉 사	五 다섯 오
六 여섯 륙	七 일곱 칠	八 여덟 팔	九 아홉 구	十 열 십
日 날 일	月 달 월	火 불 화	水 물 수	木 나무 목
金 쇠 금/성 김	土 흙 토	大 큰 대	中 가운데 중	小 작을 소
父 아비 부	母 어미 모	兄 형 형	弟 아우 제	東 동녘 동
西 서녘 서	南 남녘 남	北 북녘 북/달아날 배	敎 가르칠 교	校 학교 교
國 나라 국	軍 군사 군	女 계집 녀	年 해 년	萬 일만 만
門 문 문	民 백성 민	白 흰 백	山 메 산	生 날 생
先 먼저 선	室 집 실	王 임금 왕	外 바깥 외	人 사람 인
長 긴 장	靑 푸를 청	寸 마디 촌	學 배울 학	韓 한국/나라 한

1일차

월   일

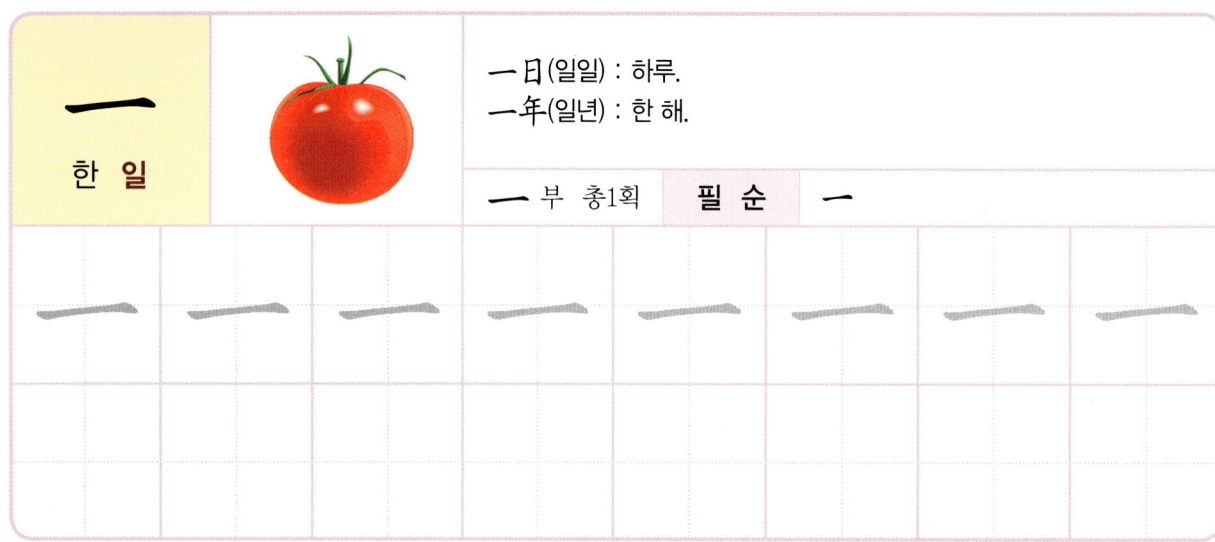

一 한 일

一日(일일): 하루.
一年(일년): 한 해.

一 부 총1획 **필 순** 一

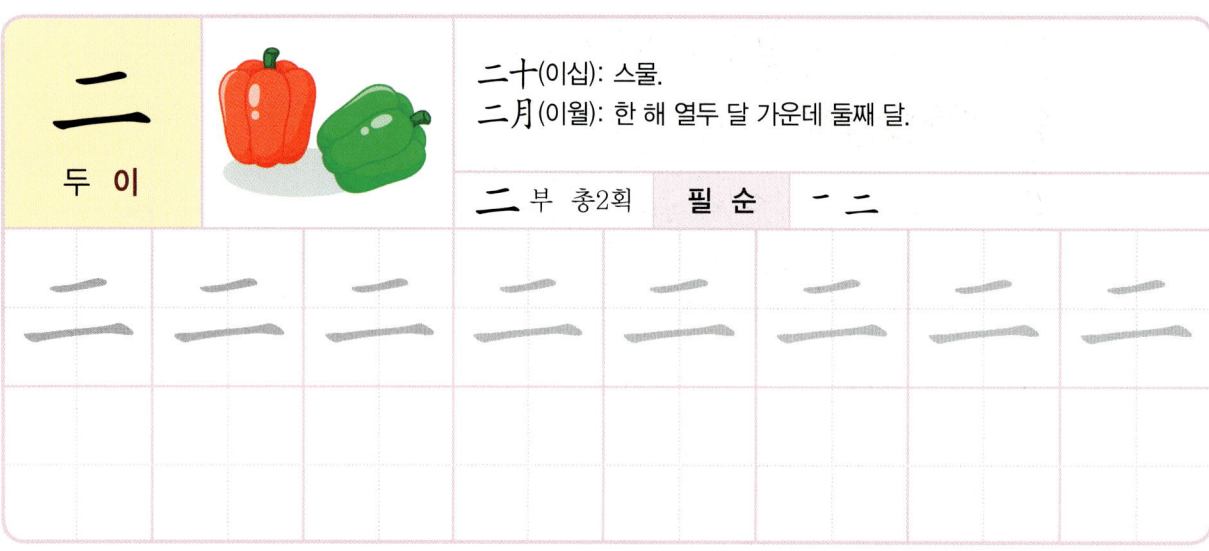

二 두 이

二十(이십): 스물.
二月(이월): 한 해 열두 달 가운데 둘째 달.

二 부 총2획 **필 순** 一 二

三 석 삼

三國(삼국): 세 나라.
三角(삼각): 세 개의 각.

角: 뿔 각

一 부 총3획 **필 순** 一 二 三

8급

정답 : 180쪽

四 넉 사

四角(사각): 네 개의 각.
四方(사방): 동, 서, 남, 북 네 방위.

方: 모/방향 방

口 부 총5획　**필순**　丨 冂 𠃍 四 四

四	四	四	四	四	四	四	四

五 다섯 오

五倫(오륜): 사람이 지켜야 할 다섯 가지 도리.
五色(오색): 다섯 가지의 빛깔. 파랑, 노랑, 빨강, 하양, 검정.

倫: 인륜 륜. 色: 빛 색

二 부 총4획　**필순**　一 丆 五 五

五	五	五	五	五	五	五	五

문제 1-3 다음 한자의 **讀音**(독음: 읽는 소리)을 쓰세요.

〈보기〉　　　音 → 음

❶ 二(　　　　　　　)

❷ 三(　　　　　　　)

❸ 四(　　　　　　　)

문제 4-5 다음 한자의 **訓**(훈: 뜻)을 쓰세요.

〈보기〉　　　天 → 하늘

❹ 一(　　　　　　　)

❺ 五(　　　　　　　)

2일차

월   일

六 여섯 **륙**

六十(육십): 십의 여섯 배가 되는 수. 예순.
五六(오륙): 그 수량이 다섯이나 여섯임을 나타내는 말.

八 부 총4획 **필순** ` 二 亠 六 六

※ 'ㄹ'이 단어의 첫머리에 오면 'ㄴ' 또는 'ㅇ'으로 발음됩니다. 六十: 륙십(×), 육십(○)

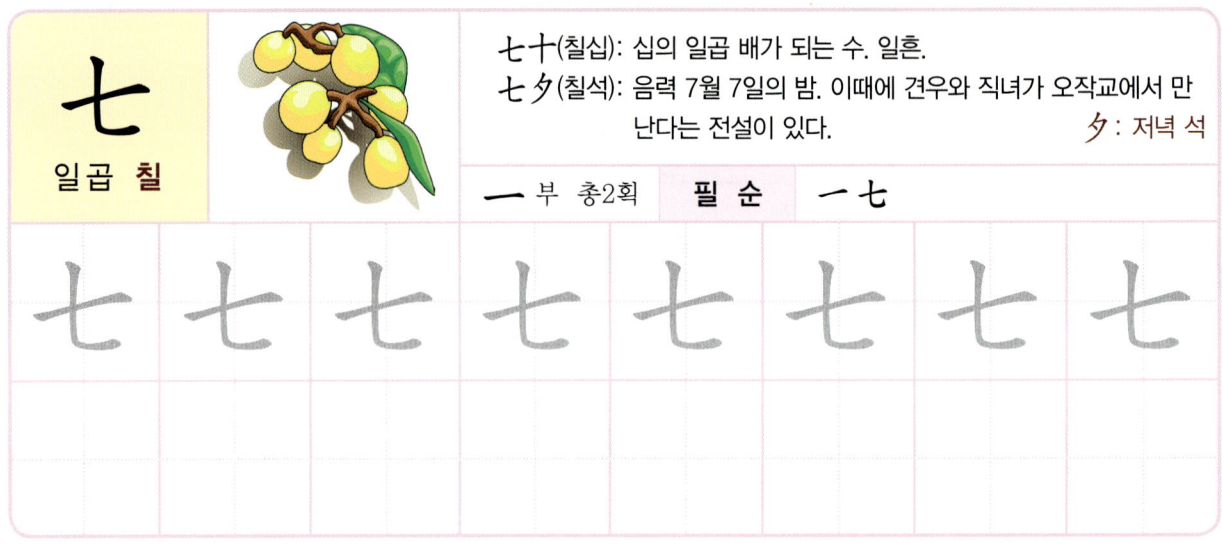

七 일곱 **칠**

七十(칠십): 십의 일곱 배가 되는 수. 일흔.
七夕(칠석): 음력 7월 7일의 밤. 이때에 견우와 직녀가 오작교에서 만난다는 전설이 있다.

夕: 저녁 석

一 부 총2획 **필순** 一 七

八 여덟 **팔**

八方(팔방): 여덟 방위. 동, 서, 남, 북, 동북, 동남, 서북, 서남.
八道(팔도): 조선 시대에, 전국을 여덟 개로 나눈 행정 구역.

道: 길 도. 행정구역의 단위로도 쓰임.

八 부 총2획 **필순** ノ 八

8급

정답 : 180쪽

九 아홉 구		九旬(구순): 아흔 살. 九牛一毛(구우일모): 아홉 마리 소에 털 한 가닥. 매우 많은 것 가운데 극히 적은 수를 이르는 말. 旬: 열흘 순. 牛: 소 우. 毛: 털 모
		乙부 총2획　필 순　丿九

十 열 십		十字(십자): '十' 자와 같은 모양. 數十(수십): 십의 두서너 배가 되는 수. 數: 셈/ 여러 수
		十부 총2획　필 순　一十

문제 1-3 다음 漢字한자의 讀音(독음: 읽는 소리)을 쓰세요.

〈보기〉　　　音 → 음

❶ 六(　　　　　　　)

❷ 八(　　　　　　　)

❸ 九(　　　　　　　)

문제 4-5 다음 밑줄 친 말에 해당하는 漢字한자를 〈보기〉에서 찾아 그 번호를 쓰세요.

〈보기〉　　① 十　　② 七

❹ 사과 일곱 개.(　　　　　　　)

❺ 고양이 열 마리.(　　　　　　　)

3일차

월   일

日 날 일

生日(생일): 세상에 태어난 날.
日出(일출): 해가 뜸.

出: 날 출

日 부 총4획   **필순**   丨 冂 日 日

※ 日은 '해'를 본뜬 글자입니다. '해', '날(하루)'의 뜻을 나타냅니다.

月 달 월

日月(일월): 해와 달.
明月(명월): 밝은 달.

明: 밝을 명

月 부 총4획   **필순**   丿 冂 月 月

火 불 화

火力(화력): 불이 탈 때에 내는 열의 힘.
火災(화재): 불이 나는 재앙.

力: 힘 력, 災: 재앙 재

火 부 총4획   **필순**   丶 丶 丿 火

水 물 수

水中(수중): 물속.
水平(수평): 잔잔한 물처럼 평평한 상태.

平: 평평할 평

水부 총4획 　필 순　 ㅣ 刀 水 水

木 나무 목

草木(초목): 풀과 나무.
木馬(목마): 나무로 말의 모양을 깎아 만든 물건.

草: 풀 초.　馬: 말 마

木부 총4획 　필 순　 一 十 才 木

문제 1-2 다음 漢字한자의 음(음: 소리)을 〈보기〉에서 찾아 그 번호를 쓰세요.

〈보기〉　① 목　② 화

❶ 火(　　　　　　　)
❷ 木(　　　　　　　)

문제 3-5 다음 밑줄 친 말에 해당하는 漢字한자를 〈보기〉에서 찾아 그 번호를 쓰세요.

〈보기〉　① 日　② 木　③ 月

❸ 밝은 달.(　　　　　　　)
❹ 떠오르는 해.(　　　　　　　)
❺ 나무가 울창한 숲.(　　　　　　　)

4일차

월 일

金 쇠 금/성 김

金石(금석): 쇠붙이와 돌.
黃金(황금): 누런빛의 금.

金 부 총8획 　필 순　 ノ 人 人 今 今 余 余 金

※ 金은 '쇠', '금'의 뜻을 나타내고, 성으로 쓰일 때는 '김씨'를 나타냅니다.

土 흙 토

土器(토기): 흙으로 만든 그릇.
土城(토성): 흙으로 쌓아 올린 성.

器: 그릇 기. 城: 성 성

土 부 총3획 　필 순　 一 十 土

大 큰 대

大成(대성): 크게 이룸.
巨大(거대): 엄청나게 큼.

成: 이룰 성. 巨: 클 거

大 부 총3획 　필 순　 一 ナ 大

8급

정답 : 180쪽

中 가운데 중		水中(수중): 물속. 中央(중앙): 사방의 중심이 되는 한가운데. 央: 가운데 앙
		ㅣ 부 총4획　**필 순**　ㅣ ㅁ ㅁ 中

中	中	中	中	中	中	中	中

※ 中은 '가운데', '속'의 뜻을 나타냅니다.

小 작을 소		大小(대소): 크고 작음. 最小(최소): 가장 작음. 最: 가장 최
		小 부 총3획　**필 순**　亅 亅 小

小	小	小	小	小	小	小	小

문제 1-3 다음 한자의 **讀音**(독음: 읽는 소리)을 쓰세요.

<보기>　　　音 → 음

❶ 小 (　　　　　　)

❷ 中 (　　　　　　)

❸ 大 (　　　　　　)

문제 4-5 다음 한자의 **訓**(훈: 뜻)을 쓰세요.

<보기>　　　天 → 하늘

❹ 土 (　　　　　　)

❺ 金 (　　　　　　)

5일차

월 일

父 (아비 부)

父子(부자): 아버지와 아들.
父親(부친): '아버지'를 정중히 이르는 말.

親: 친할/ 어버이 친

父 부 총4획   필순   ´ ´ ⁄ 父

母 (어미 모)

父母(부모): 아버지와 어머니.
母情(모정): 자식에 대한 어머니의 정.

情: 뜻/ 마음 정

母 부 총5획   필순   ㄴ ㄅ 母 母 母

兄 (형 형)

父兄(부형): 아버지와 형.
親兄(친형): 같은 부모에게서 난 형.

儿 부 총5획   필순   ㅣ 口 口 尸 兄

8급

| 弟
아우 제 | 兄弟(형제): 형과 아우.
弟子(제자): 스승으로부터 가르침을 받는 사람.
弓 부 총7획　필순　丶丷丛丛弟弟弟 |

弟	弟	弟	弟	弟	弟	弟	弟

※ 제자(弟子)는 원래 '아우와 아들'이라는 뜻입니다. 아우와 아들은 아버지와 형으로부터 배우기 때문에, 의미가 확장되어 '가르침을 받는 사람'이라는 뜻으로 쓰이게 되었습니다.

| 東
동녘 동 | 東方(동방): 동쪽.
東風(동풍): 동쪽에서 부는 바람.
風: 바람 풍
木 부 총8획　필순　一丆丆币車東東 |

東	東	東	東	東	東	東	東

문제 1-2 다음 漢字한자의 讀音(독음: 읽는 소리)을 쓰세요.

〈보기〉　　音 → 음

❶ 兄(　　　　　　　)

❷ 父(　　　　　　　)

문제 3-5 다음 밑줄 친 말에 해당하는 漢字한자를 〈보기〉에서 찾아 그 번호를 쓰세요.

〈보기〉　① 弟　② 東　③ 母

❸ 동쪽 하늘.(　　　　　　　)

❹ 아우와 같이 놀아요.(　　　　　)

❺ 자식을 위하는 어머니 마음.(　　)

6일차

바로바로 복습

월   일

1일차에서 5일차까지 학습한 내용을 복습합니다.

一 한 일										
二 두 이										
三 석 삼										
四 넉 사										
五 다섯 오										
六 여섯 륙										
七 일곱 칠										
八 여덟 팔										
九 아홉 구										
十 열 십										
日 날 일										
月 달 월										
火 불 화										
水 물 수										
木 나무 목										

金 쇠금/성김								
土 흙토								
大 큰대								
中 가운데중								
小 작을소								
父 아비부								
母 어미모								
兄 형형								
弟 아우제								
東 동녘동								

재미있게 읽는 고사성어

일거양득(一擧兩得)

옛날에 힘이 장사인 변장자가 길을 가다가 날이 어두워지자 여관에 묵게 되었어요. 잠을 자려하는데 밖에서 호랑이가 나타났다는 소리가 들렸어요. 이 말을 듣고 변장자가 호랑이를 잡으러 나가려고 하자, 여관에서 심부름을 하는 아이가 말리면서, "지금 호랑이 두 마리가 서로 소를 차지하려고 싸우고 있어요. 잠시 후면 한 마리는 죽고, 한 마리는 큰 상처를 입을 거예요. 그때 호랑이를 잡으면 두 마리를 얻을 수 있잖아요."라고 하였어요. 아이의 말대로 변장자는 힘 들이지 않고 한꺼번에 호랑이 두 마리를 잡게 되었어요. 이 일로 '일거양득'이라는 말을 쓰게 되었답니다.

一	擧	兩	得
한 일	들/움직일 거	두 량	얻을 득

'일거양득'은 '한 가지 일을 하여 두 가지 이익을 얻는다'는 말입니다.

7일차  월 일

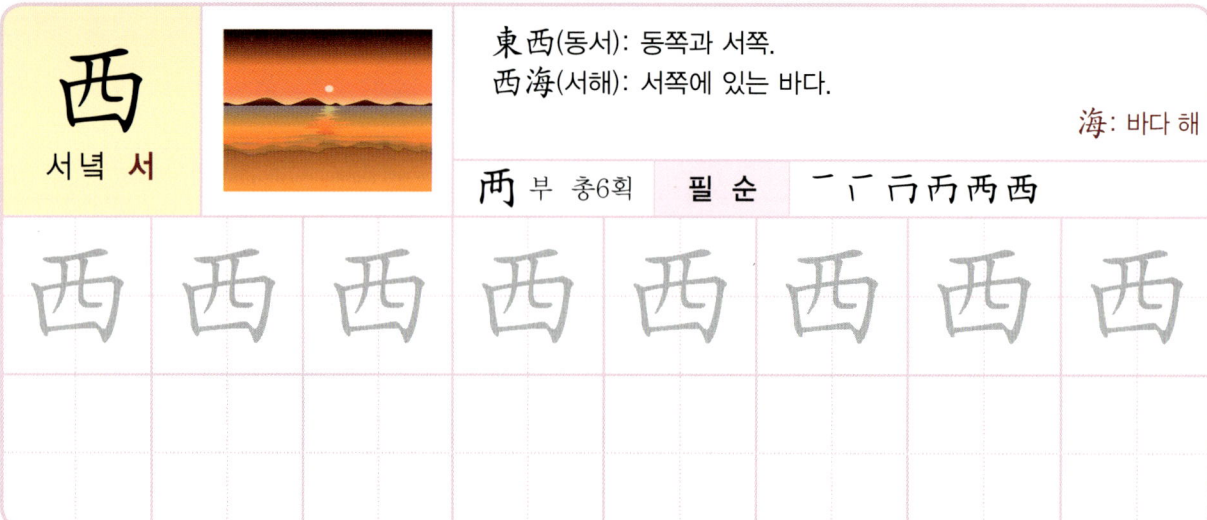

西 서녘 서
- 東西(동서): 동쪽과 서쪽.
- 西海(서해): 서쪽에 있는 바다.
- 海: 바다 해
- 襾 부 총6획 | 필순 一 一 丆 丙 西 西

南 남녘 남
- 南山(남산): 남쪽에 있는 산.
- 江南(강남): 강의 남쪽 지역.
- 江: 강 강
- 十 부 총9획 | 필순 一 十 十 冂 冂 冎 肖 南 南

北 북녘 북 / 달아날 배
- 南北(남북): 남쪽과 북쪽.
- 北向(북향): 북쪽으로 향함.
- 向: 향할 향
- 匕 부 총5획 | 필순 丨 ㅓ ㅓ 北 北

※ 北은 뜻에 따라 음이 다름에 유의하세요.

8급

정답 : 180쪽

教(교육): 지식과 기술 따위를 가르치며 인격을 길러 줌.
教師(교사): 주로 초·중·고등학교에서 학생을 가르치는 사람.
育: 기를 육. 師: 스승 사

攵 부 총11획 필순 ノ ㄨ ㄊ 斈 쑿 斈 耂 孝 孝 敎 敎

敎 가르칠 교

※ 攵이 오른쪽에 위치할 때 모양이 '攵'로 바뀌기도 합니다.

校內(교내): 학교의 안.
校歌(교가): 학교를 상징하는 노래.
內: 안 내. 歌: 노래 가

木 부 총10획 필순 一 十 十 才 木 木 术 朴 杙 校 校

校 학교 교

문제 1-2 다음 한자의 훈(訓: 뜻)과 음(音: 소리)을 쓰세요.

〈보기〉　　天 → 하늘 천

❶ 敎 (　　　　　　　)

❷ 南 (　　　　　　　)

문제 3-5 다음 밑줄 친 말에 해당하는 漢字 한자를 〈보기〉에서 찾아 그 번호를 쓰세요.

〈보기〉　① 西　② 校　③ 北

❸ 학교에 갑니다. (　　　　　)

❹ 서쪽 하늘에 뜬 반달. (　　　　)

❺ 기러기가 북쪽으로 날아간다. (　)

8일차

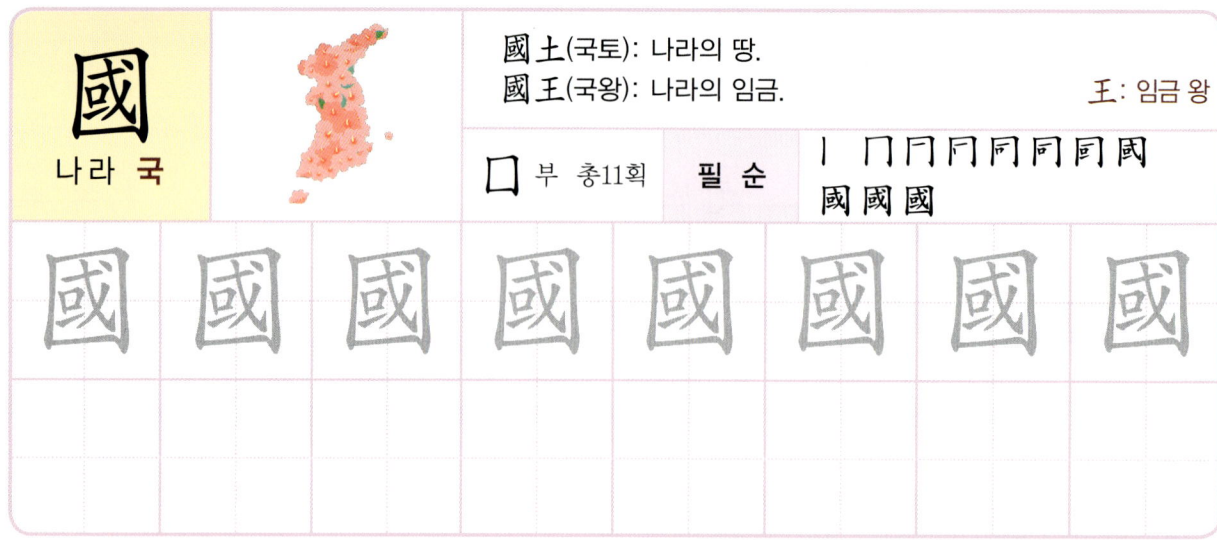

年 해 년

年末(연말): 한 해의 마지막 무렵.
新年(신년): 새해.

末: 끝 말. 新: 새 신

干 부 총6획 　필 순　 ノ ㅗ ㅕ ㅕ 느 年

| 年 | 年 | 年 | 年 | 年 | 年 | 年 | 年 |

※ 'ㄴ'이 단어의 첫머리에 오면 'ㅣ, ㅑ, ㅕ, ㅛ, ㅠ' 앞에서 'ㅇ'으로 발음됩니다. 年末: 년말(✕), 연말(○)

萬 일만 만

千萬(천만): 만의 천 배가 되는 수.
萬物(만물): 세상에 있는 모든 것.

千: 일천 천. 物: 물건 물

艸 부 총13획 　필 순　 ノ 十 廾 艹 苙 苎 苎 苔 莒 萬 萬 萬

| 萬 | 萬 | 萬 | 萬 | 萬 | 萬 | 萬 | 萬 |

※ 萬은 '만', '모든'의 뜻을 나타냅니다.

문제 1-2 다음 漢字한자의 讀音(독음: 읽는 소리)을 쓰세요.

〈보기〉　　　음 → 음

❶ 國(　　　　)

❷ 年(　　　　)

❸ 萬(　　　　)

문제 4-5 다음 한자의 훈(訓: 뜻)을 〈보기〉에서 찾아 그 번호를 쓰세요.

〈보기〉　　① 여자　② 군사

❹ 女(　　　　)

❺ 軍(　　　　)

9일차

월   일

門 문 문

大門(대문): 큰 문.
校門(교문): 학교의 문.

門 부 총8획 필순 丨 冂 冂 冂 門 門 門 門

民 백성 민

民心(민심): 백성의 마음.
愛民(애민): 백성을 사랑함.

心: 마음 심. 愛: 사랑 애

氏 부 총5획 필순 フ コ ユ ヲ 民

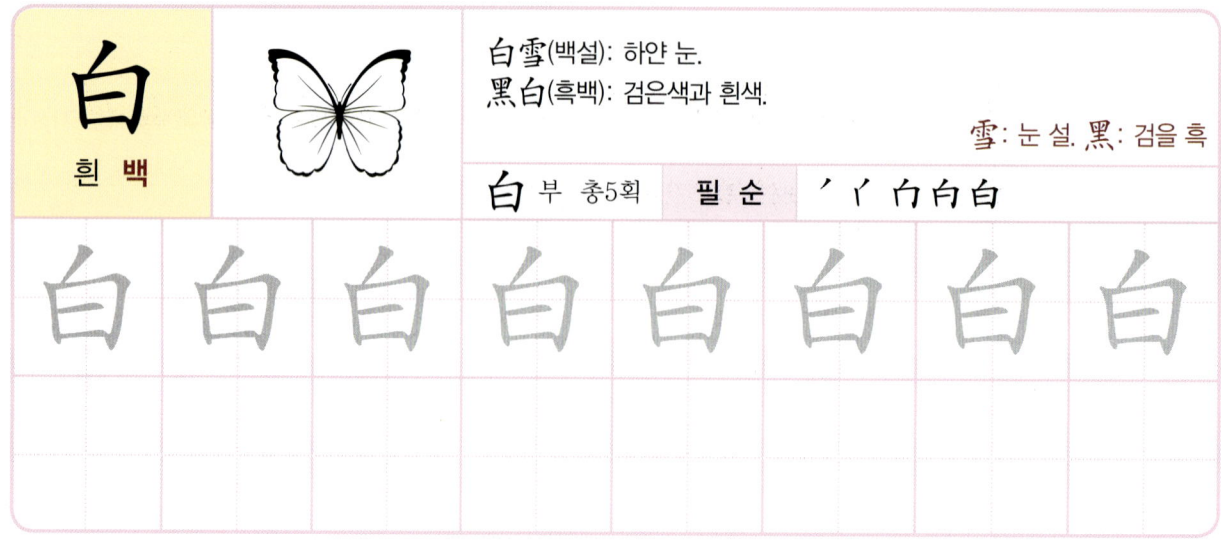

白 흰 백

白雪(백설): 하얀 눈.
黑白(흑백): 검은색과 흰색.

雪: 눈 설. 黑: 검을 흑

白 부 총5획 필순 ノ 亻 白 白 白

8급

정답 : 180쪽

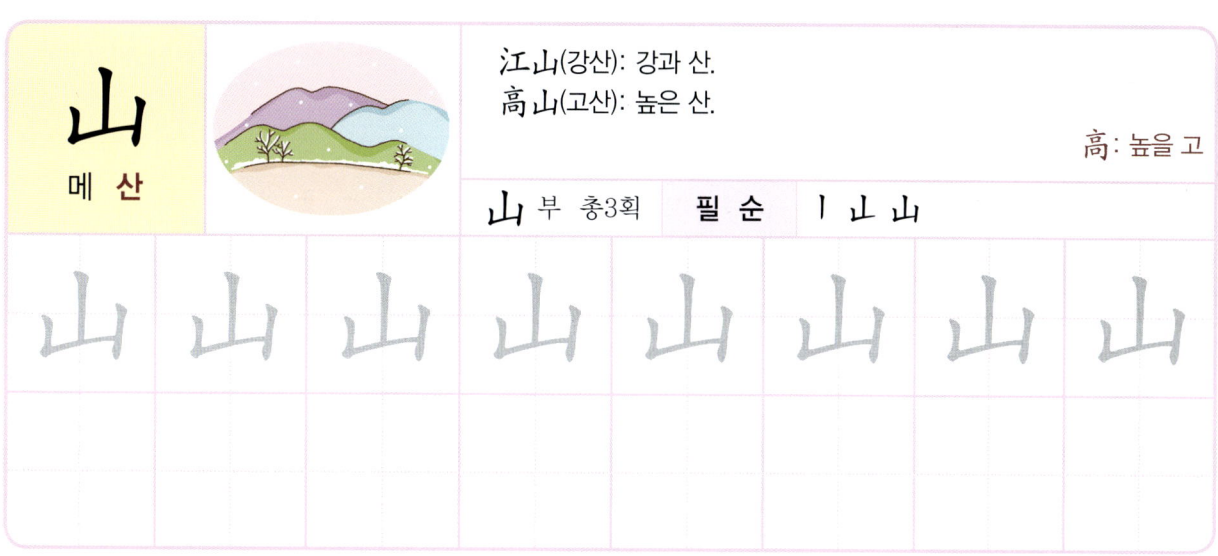

山 메 산		江山(강산): 강과 산. 高山(고산): 높은 산. 高: 높을 고
		山 부 총3획　필 순　ㅣ 凵 山

※ 메는 '산'을 예스럽게 이르는 말입니다.

生 날 생		生日(생일): 세상에 태어난 날. 人生(인생): 사람이 세상을 살아가는 일.
		生 부 총5획　필 순　ノ ト 一 牛 生

※ 生은 '태어나다', '살다'의 뜻을 나타냅니다.

문제 1-3 다음 한자의 훈(訓: 뜻)과 음(음: 소리)을 쓰세요.

<보기>　　天 → 하늘 천

❶ 山(　　　　　　　)

❷ 白(　　　　　　　)

❸ 門(　　　　　　　)

문제 4-5 다음 漢字한자의 진하게 표시한 획은 몇 번째 쓰이는지 〈보기〉에서 찾아 그 번호를 쓰세요.

<보기>　① 첫 번째　② 두 번째　③ 세 번째
　　　　　④ 네 번째　⑤ 다섯 번째

❹ 生(　　　　　　　)

❺ 民(　　　　　　　)

10일차

先 먼저 선

先行(선행): ① 앞서 가거나 앞에 있음. ② 딴 일에 앞서 행함.
先後(선후): 먼저와 나중.

行: 갈/ 행할 행

儿 부 총6획 **필순** ノ 一 十 生 步 先

先 先 先 先 先 先 先 先

室 집 실

王室(왕실): 임금의 집안.
室內(실내): 방이나 건물 따위의 안.

宀 부 총9획 **필순** 丶 丶 宀 宀 宀 宊 宊 宊 室

室 室 室 室 室 室 室 室

※ 室은 '집', '방'의 뜻을 나타냅니다.

王 임금 왕

國王(국왕): 나라의 임금.
王子(왕자): 임금의 아들.

玉 부 총4획 **필순** 一 二 千 王

王 王 王 王 王 王 王 王

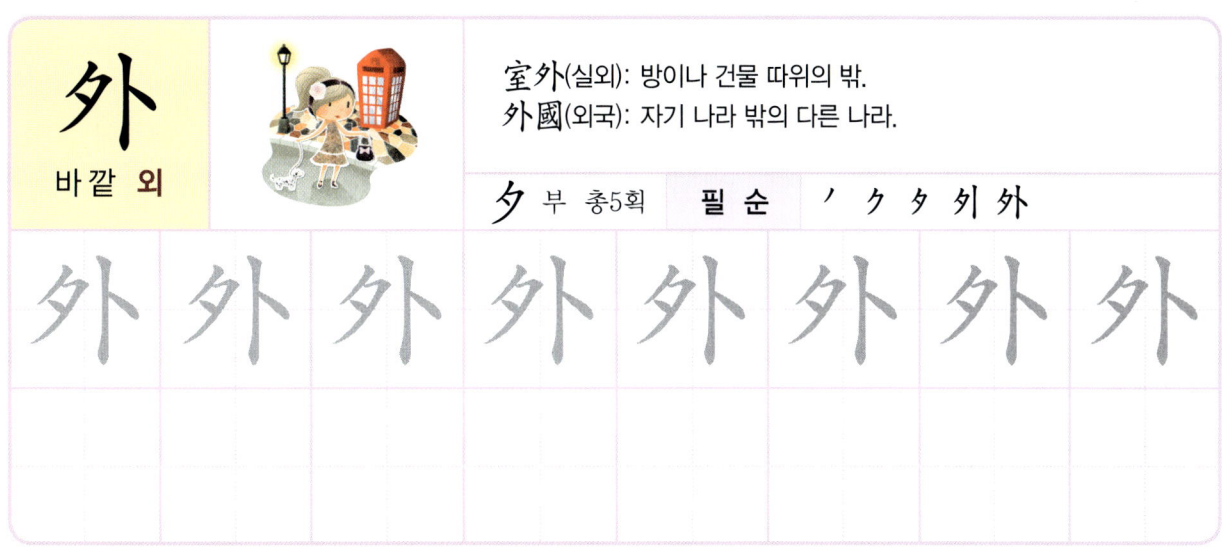

外		室外(실외): 방이나 건물 따위의 밖.
바깥 외		外國(외국): 자기 나라 밖의 다른 나라.

夕 부 총5획　　필 순　ノ ク タ 外 外

外 外 外 外 外 外 外 外

人		人命(인명): 사람의 목숨.
사람 인		人性(인성): 사람의 성품.

命: 목숨 명. 性: 성품 성

人 부 총2획　　필 순　ノ 人

人 人 人 人 人 人 人 人

문제 1-3 다음 한자의 讀音(독음: 읽는 소리)을 쓰세요.

〈보기〉　　音 → 음

❶ 室(　　　　　　)

❷ 外(　　　　　　)

❸ 人(　　　　　　)

문제 4-5 다음 한자의 訓(훈: 뜻)을 쓰세요.

〈보기〉　　天 → 하늘

❹ 王(　　　　　　)

❺ 先(　　　　　　)

11일차

월   일

長 긴 장

長短(장단): 길고 짧음.
長劍(장검): 허리에 차게 만든 긴 칼.

短: 짧을 단. 劍: 칼 검

長 부 총8획   필 순   ｜ ｢ ｢ Ｆ 토 튼 튽 長

青 푸를 청

青色(청색): 푸른색.
青山(청산): 풀과 나무가 무성한 푸른 산.

青 부 총8획   필 순   一 二 ｜ 主 丰 青 青 青

寸 마디 촌

三寸(삼촌): 아버지의 형제를 이르거나 부르는 말.
四寸(사촌): 아버지의 형제자매의 아들이나 딸과의 촌수.

寸 부 총3획   필 순   一 十 寸

※ 寸은 '마디', '촌수'의 뜻을 나타냅니다.

8급

정답 : 180쪽

學 배울 학		學習(학습): 배워서 익힘. 入學(입학): 학교를 들어감.		習: 익힐 습
		子 부 총16획	필 순	` ´ ⌒ ㇆ ㇆ ㇆ ㇆ ㇆ ㇆ ㇆ ㇆ ㇆ ㇆ 學 學 學

韓 한국/ 나라 한		韓服(한복): 우리나라의 고유한 옷 韓國(한국): 대한민국을 줄여 이르는 말.		服: 옷 복
		韋 부 총17획	필 순	一 十 十 古 占 占 直 卓 卓 卓 卓 卓 卓 卓 韓 韓 韓

문제 1-3 다음 한자의 훈(訓: 뜻)과 음(音: 소리)을 쓰세요.

〈보기〉　　天 → 하늘 천

❶ 寸 (　　　　　　)

❷ 學 (　　　　　　)

❸ 韓 (　　　　　　)

문제 4-5 다음 漢字한자의 진하게 표시한 획은 몇 번째 쓰이는지 〈보기〉에서 찾아 그 번호를 쓰세요.

〈보기〉
① 첫 번째　② 두 번째　③ 세 번째
④ 네 번째　⑤ 다섯 번째　⑥ 여섯 번째
⑦ 일곱 번째　⑧ 여덟 번째

❹ 青 (　　　　　　)

❺ 長 (　　　　　　)

12일차 바로바로 복습

7일차에서 11일차까지 학습한 내용을 복습합니다.

西 서녘 서								
南 남녘 남								
北 북녘 북/ 달아날 배								
敎 가르칠 교								
校 학교 교								
國 나라 국								
軍 군사 군								
女 계집 녀								
年 해 년								
萬 일만 만								
門 문 문								
民 백성 민								
白 흰 백								
山 메 산								
生 날 생								

8급

先 먼저 선								
室 집 실								
王 임금 왕								
外 바깥 외								
人 사람 인								
長 긴 장								
靑 푸를 청								
寸 마디 촌								
學 배울 학								
韓 한국/나라 한								

재미있게 읽는 고사성어

◆ 사족(蛇足)

옛날에 어떤 사람이 제사를 지내고 나서, 여러 하인들에게 술 한 잔을 주면서 나누어 마시라고 했어요. 그러자 한 하인이 땅바닥에 뱀을 제일 먼저 그리는 사람이 혼자 다 마시기로 하자고 제안을 하였어요. 이에 동의한 하인들은 제각기 땅바닥에 뱀을 그리기 시작했어요.

이윽고 뱀을 다 그린 한 하인이 "이 술은 내 거야. 나는 뱀 발도 그렸다고!"라고 하며 술잔을 마시려 하였어요. 그때 막 뱀을 그린 다른 하인이 "세상에 발 달린 뱀이 어디 있냐?"라고 하며, 그 술잔을 빼앗아 단숨에 마셔 버렸어요. 술잔을 빼앗긴 하인은 쓸데없이 발까지 그렸다고 뒤늦게 후회했답니다.

蛇	足
뱀 사	발 족

"사족"은 '뱀을 다 그리고 나서 있지도 않은 발을 덧붙여 그려 넣는다.'는 뜻으로, '쓸데없는 군짓을 하여 도리어 잘못되게 함'을 이르는 말입니다.

13일차

8級

한국어문회 전국한자능력검정시험 / 50문항 / 50분 시험

*성명과 수험번호를 쓰고 문제지와 답안지는 함께 제출하세요.

성명(_____). 수험번호 ☐☐☐-☐☐-☐☐☐☐

[문제 1-10] 다음 글의 ( ) 안에 있는 漢字한자의 讀音(독음: 읽는 소리)을 쓰세요.

〈보기〉

(音) → 음

[1] 음력 (八)

[2] (月)

[3] (十)

[4] (五)일은 추석입니다.

[5] (父)

[6] (母)님과

[7] 우리 (兄)

[8] (弟)는

[9] (三)

[10] (寸)댁에 다녀왔습니다.

[문제 11-20] 다음 밑줄 친 말에 해당하는 漢字한자를 〈보기〉에서 찾아 그 번호를 쓰세요.

〈보기〉

① 國　② 小　③ 民　④ 室
⑤ 山　⑥ 靑　⑦ 木　⑧ 東
⑨ 門　⑩ 火

[11] 등<u>불</u>이 활활 타오릅니다. (　)

[12] 우리<u>나라</u>는 아름답습니다. (　)

[13] <u>문</u> 밖에 눈이 왔습니다. (　)

[14] <u>백성</u>들이 많이 모였습니다. (　)

[15] <u>집</u> 안에 꽃이 있습니다. (　)

[16] <u>동</u>쪽에 해가 떠오릅니다. (　)

[17] <u>푸른</u> 대나무가 곧게 자랐습니다.
(　)

[18] <u>산</u>에는 단풍이 들었습니다. (　)

[19] <u>작은</u> 형이 노래합니다. (　)

[20] <u>나무</u>를 많이 심었습니다. (　)

[문제가 21-30] 다음 훈(訓: 뜻)이나 음(音: 소리)에 알맞은 漢字한자를 〈보기〉에서 찾아 그 번호를 쓰세요.

[문제 31-40] 다음 漢字한자의 훈(訓: 뜻)과 음(音: 소리)을 〈보기〉와 같이 쓰세요.

〈보기〉
① 敎　② 南　③ 六　④ 北
⑤ 先　⑥ 外　⑦ 長　⑧ 土
⑨ 日　⑩ 學

〈보기〉
天 → 하늘 천

[21] 배울 (　　　　)

[22] 가르칠 (　　　　)

[23] 바깥 (　　　　)

[24] 장 (　　　　)

[25] 일 (　　　　)

[26] 흙 (　　　　)

[27] 여섯 (　　　　)

[28] 남 (　　　　)

[29] 북 (　　　　)

[30] 먼저 (　　　　)

[31] 校 (　　　　)

[32] 年 (　　　　)

[33] 萬 (　　　　)

[34] 白 (　　　　)

[35] 水 (　　　　)

[36] 王 (　　　　)

[37] 中 (　　　　)

[38] 七 (　　　　)

[39] 韓 (　　　　)

[40] 一 (　　　　)

정답 : 180쪽

[문제 41-44] 다음 漢字한자의 훈(訓: 뜻)을 〈보기〉에서 찾아 그 번호를 쓰세요.

〈보기〉
① 아홉　② 계집
③ 크다　④ 둘

[41] 九 (　)

[42] 二 (　)

[43] 大 (　)

[44] 女 (　)

[문제 49-50] 다음 漢字한자의 진하게 표시한 획은 몇 번째 쓰는지 〈보기〉에서 찾아 그 번호를 쓰세요.

〈보기〉
① 첫 번째　② 두 번째
③ 세 번째　④ 네 번째
⑤ 다섯 번째　⑥ 여섯 번째
⑦ 일곱 번째　⑧ 여덟 번째
⑨ 아홉 번째

[49] 軍

[50] 生

[문제 45-48] 다음 漢字한자의 음(音: 소리)을 〈보기〉에서 찾아 그 번호를 쓰세요.

〈보기〉
① 금　② 서
③ 인　④ 사

[45] 四 (　)

[46] 金 (　)

[47] 人 (　)

[48] 西 (　)

♣ 수고하셨습니다.

7급Ⅱ 급수한자 50자 미리보기

家 집 가	間 사이 간	江 강 강	車 수레 거/수레 차	工 장인 공
空 빌 공	氣 기운 기	記 기록할 기	男 사내 남	內 안 내
農 농사 농	答 대답 답	道 길 도	動 움직일 동	力 힘 력
立 설 립	每 매양 매	名 이름 명	物 물건 물	方 모 방
不 아닐 불	事 일 사	上 윗 상	姓 성 성	世 인간 세
手 손 수	時 때 시	市 저자 시	食 밥/먹을 식	安 편안 안
午 낮 오	右 오른 우	子 아들 자	自 스스로 자	場 마당 장
電 번개 전	前 앞 전	全 온전 전	正 바를 정	足 발 족
左 왼 좌	直 곧을 직	平 평평할 평	下 아래 하	漢 한수/한나라 한
海 바다 해	話 말씀 화	活 살 활	孝 효도 효	後 뒤 후

14일차

월   일

家
집 가

國家(국가): 나라.
歸家(귀가): 집으로 돌아가거나 돌아옴.

歸: 돌아갈 귀

宀 부 총10획 | 필 순 | 丶 丶 宀 宀 宀 宁 字 家 家 家

間
사이 간

年間(연간): 한 해 동안.
民間(민간): 일반 백성들 사이.

門 부 총12획 | 필 순 | 丨 丨 丨 丨 丨 門 門 門 問 問 間

※ 'ㄴ'이 단어의 첫머리에 오면 'ㅣ, ㅑ, ㅕ, ㅛ, ㅠ' 앞에서 'ㅇ'으로 발음됩니다. 年間: 년간(×), 연간(○)

江
강 강

江山(강산): 강과 산.
江村(강촌): 강가에 있는 마을.

村: 마을 촌

水 부 총6획 | 필 순 | 丶 丶 氵 汀 江 江

※ 水가 왼쪽에 위치할 때 모양이 '氵'로 바뀝니다.

44 초등 권장 한자 한권으로 끝내기

정답 : 181쪽

車
수레 거
수레 차

車道(차도): 찻길.
人力車(인력거): 사람이 끄는, 바퀴가 두 개 달린 수레.

車 부 총7획   필순   一 厂 戸 百 亘 車

※ 車의 음이 두 개임에 유의하세요.

工
장인 공

工作(공작): 물건을 만듦.
木工(목공): 나무를 다루어서 물건을 만드는 일.

作: 지을 작

工 부 총3획   필순   一 丅 工

※ 장인: 손으로 물건을 만드는 일을 업으로 하는 사람.
※ 工은 '장인', '만들다'의 뜻을 나타냅니다.

문제 1-3 다음 漢字한자의 訓(훈: 뜻)과 音(음: 소리)을 쓰세요.

〈보기〉   天 → 하늘 천

❶ 家(   )

❷ 車(   )

❸ 工(   )

문제 4-5 다음 漢字語한자어의 音음을 쓰세요.

〈보기〉   漢字 → 한자

❹ 民間(   )

❺ 江山(   )

15일차

월   일

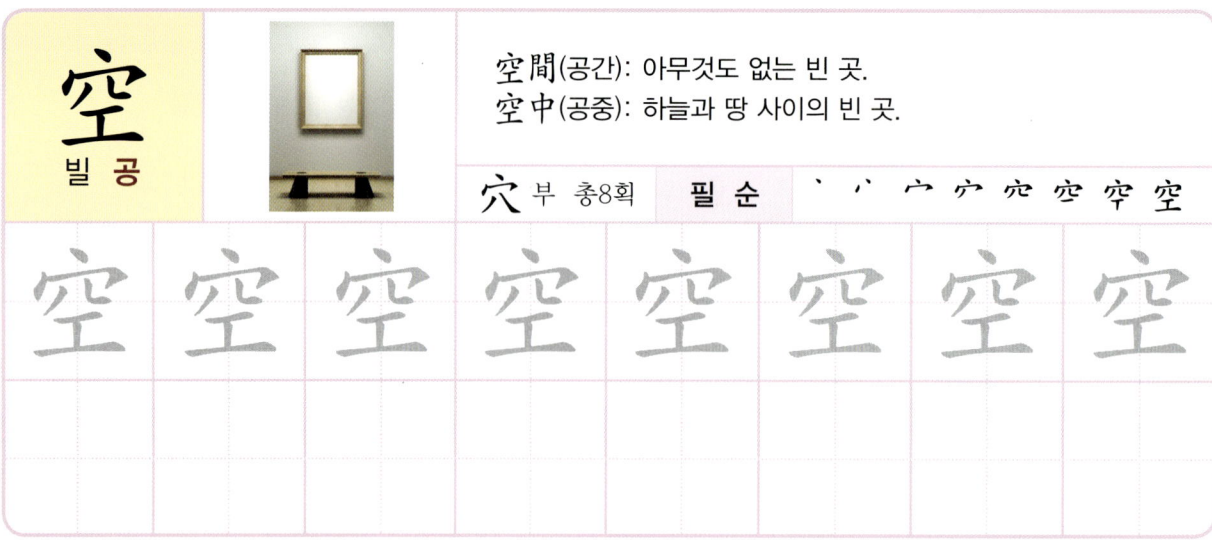

空 빌 공

空間(공간): 아무것도 없는 빈 곳.
空中(공중): 하늘과 땅 사이의 빈 곳.

穴부 총8획 필순 ` ´ 宀 宀 宍 空 空 空

※ 空은 '비다', '하늘'의 뜻을 나타냅니다.

氣 기운 기

熱氣(열기): 뜨거운 기운.
勇氣(용기): 씩씩하고 굳센 기운.

熱: 더울 열 勇: 날랠/ 용감할 용

气부 총10획 필순 ノ ヒ ニ 气 气 气 氣 氣 氣 氣

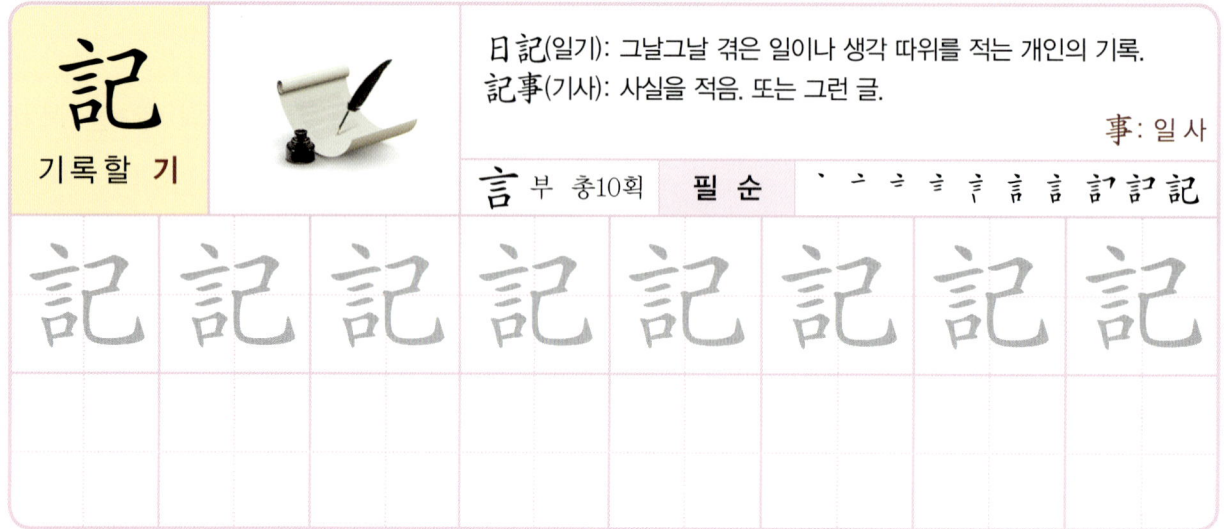

記 기록할 기

日記(일기): 그날그날 겪은 일이나 생각 따위를 적는 개인의 기록.
記事(기사): 사실을 적음. 또는 그런 글.

事: 일 사

言부 총10획 필순 ` 一 亠 言 言 言 言 訂 訂 記

정답 : 181쪽

男 사내 남		男子(남자): 남성으로 태어난 사람. 男兒(남아): 사내 아이. 兒: 아이 아
		田 부 총7획　　필 순　　ノ 丨 冂 曰 田 甼 男

內 안 내		市內(시내): 도시의 안. 內外(내외): 안과 밖. 市: 저자/ 도시 시
		入 부 총4획　　필 순　　丨 冂 冂 內

문제 1-3 다음 漢字한자의 訓(훈: 뜻)과 音(음: 소리)을 쓰세요.

<보기>　　天 → 하늘 천

❶ 氣(　　　　　　　)

❷ 記(　　　　　　　)

❸ 男(　　　　　　　)

문제 4-5 다음 뜻에 맞는 漢字語한자어를 <보기>에서 찾아 그 번호를 쓰세요.

<보기>　① 年間　② 內外　③ 空間

❹ 안과 밖.(　　　　　　　)

❺ 아무것도 없는 빈 곳.(　　　　　　　)

7급 Ⅱ 따라쓰기　47

16일차

월　　　일

※ 辵이 글자의 받침으로 쓰일 때는 모양이 '辶'로 변합니다.

7급 II

動 움직일 동

行動(행동): 몸을 움직여 동작을 하거나 어떤 일을 함.
動作(동작): 몸이나 손발 따위를 움직임.

行: 다닐/ 행할 행

力 부   총11획   필 순   ノ 一 千 千 千 台 盲 盲 重 重 動 動

力 힘 력

協力(협력): 힘을 합하여 서로 도움.
活力(활력): 살아 움직이는 힘.

協: 화할/ 합할 협

力 부   총2획   필 순   フ 力

문제 1-3 다음 漢字語한자어의 音음을 쓰세요.

<보기>   音 → 음

❶ 道(　　　　　　)

❷ 動(　　　　　　)

❸ 力(　　　　　　)

문제 4-5 다음 밑줄 친 말에 해당하는 漢字한자를 <보기>에서 찾아 그 번호를 쓰세요.

<보기>   ① 家   ② 農   ③ 答

❹ <u>농사</u>짓는 땅.(　　　　　　)

❺ 불러도 <u>대답</u>이 없다.(　　　　　　)

17일차

월   일

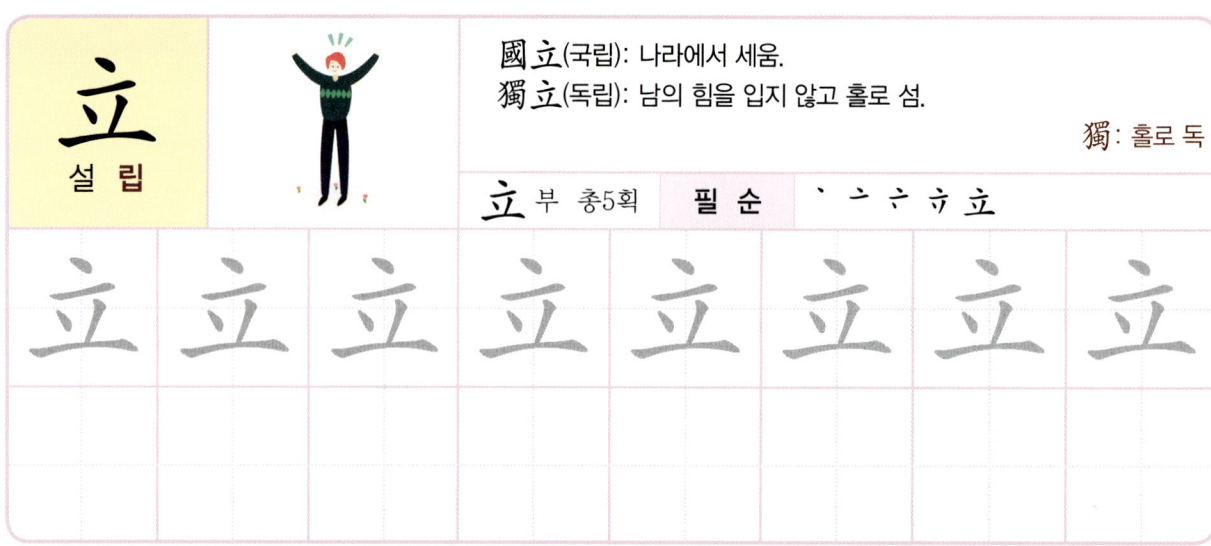

立 설 립

國立(국립): 나라에서 세움.
獨立(독립): 남의 힘을 입지 않고 홀로 섬.

獨: 홀로 독

立 부 총5획   필순   ﹅ 二 亠 亣 立

每 매양 매

每年(매년): 하나하나의 모든 해.
每事(매사): 하나하나의 모든 일.

母 부 총7획   필순   ノ ㇏ ㇄ 毋 每 每 每

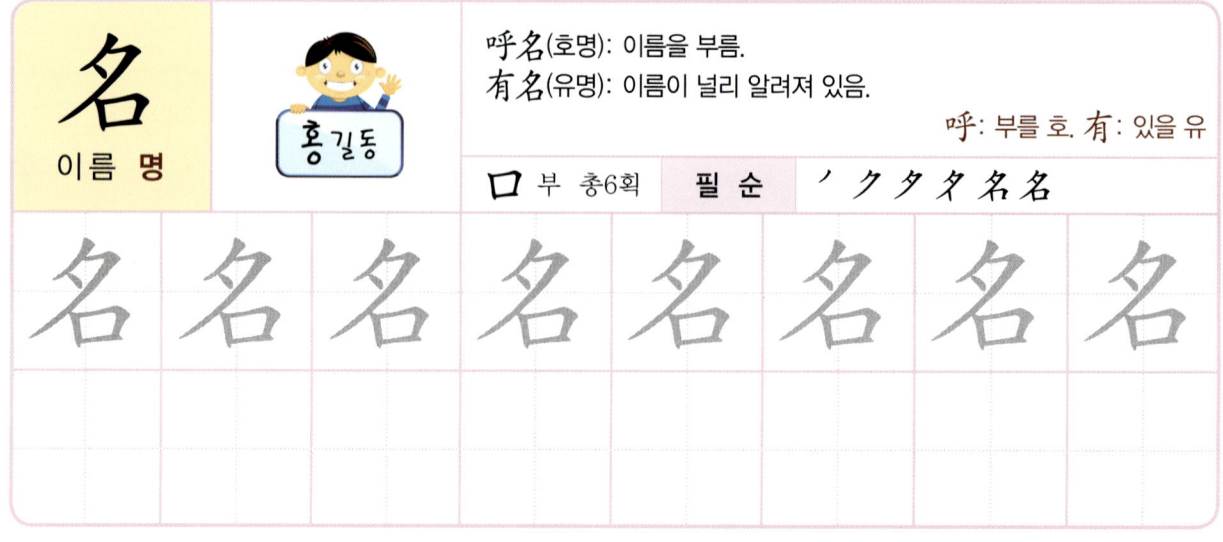

名 이름 명

呼名(호명): 이름을 부름.
有名(유명): 이름이 널리 알려져 있음.

呼: 부를 호. 有: 있을 유

口 부 총6획   필순   ノ ク タ 夕 名 名

7급 Ⅱ

정답 : 181쪽

物 물건 물

物價(물가): 물건의 값.
事物(사물): 일과 물건을 아울러 이르는 말.

價: 값 가

牛 부 총8획   필순 ノ 一 ㅜ 午 牜 牝 物 物

方 모 방

前方(전방): 앞을 향한 쪽.
方向(방향): 어떤 곳을 향한 쪽.

向: 향할 향

方 부 총4획   필순 丶 一 方 方

※ 方은 '모', '방향'의 뜻을 나타냅니다.

문제 1-3 다음 漢字한자의 音(음: 소리)을 〈보기〉에서 찾아 그 번호를 쓰세요.

〈보기〉   ① 방   ② 립   ③ 매

❶ 立 (   )

❷ 每 (   )

❸ 方 (   )

문제 4-5 다음 밑줄 친 말에 해당하는 漢字한자를 〈보기〉에서 찾아 그 번호를 쓰세요.

〈보기〉   ① 名   ② 氣   ③ 物

❹ 꽃 이름. (   )

❺ 새로 산 물건. (   )

18일차

不 아닐 **불**

不法(불법): 법에 어긋남.
不安(불안): 마음이 편하지 아니함.

法: 법 법

一 부 총4획 필 순 一 ア 不 不

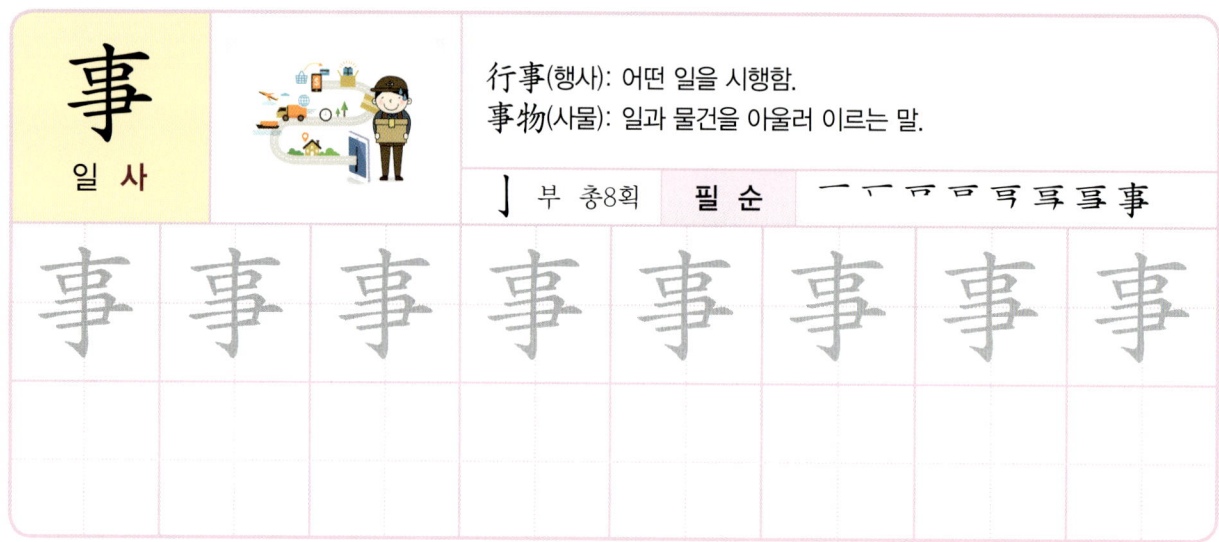

事 일 **사**

行事(행사): 어떤 일을 시행함.
事物(사물): 일과 물건을 아울러 이르는 말.

亅 부 총8획 필 순 一 ー 厂 百 耳 写 写 事

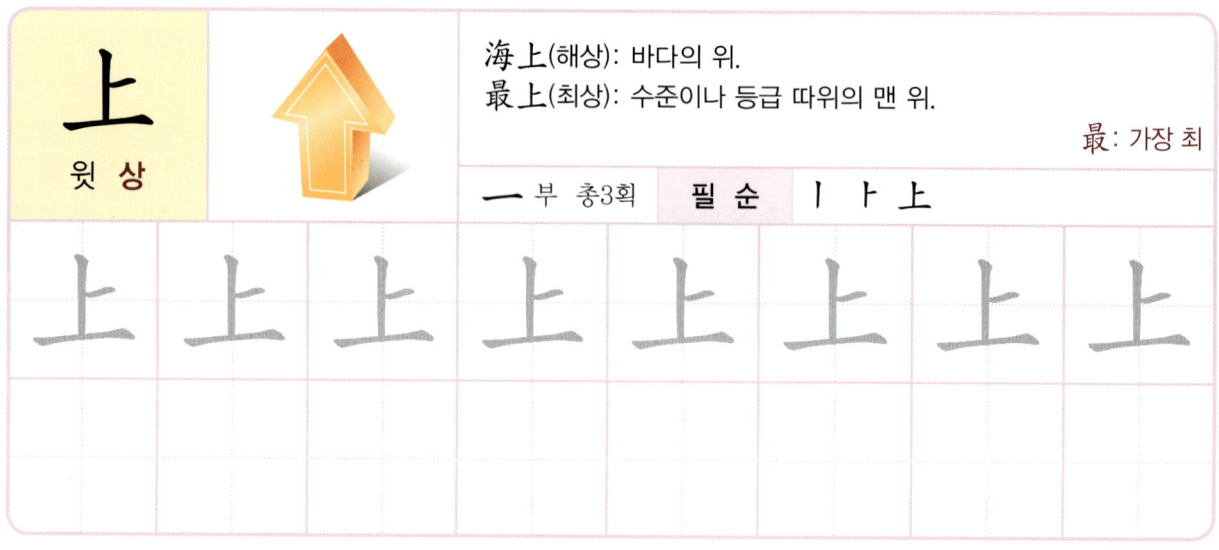

上 윗 **상**

海上(해상): 바다의 위.
最上(최상): 수준이나 등급 따위의 맨 위.

最: 가장 최

一 부 총3획 필 순 丨 ㅏ 上

※ 모양이 비슷한 한자에 유의하세요. 土: 흙 토

姓 성 성		同姓(동성): 같은 성. 姓名(성명): 성과 이름. 同: 한가지 동
		女 부 총8획　필 순　ㄱ ㄠ 女 女 女 女 女生 姓

姓	姓	姓	姓	姓	姓	姓	姓

世 인간 세		世上(세상): 사람이 살고 있는 지구 위. 後世(후세): 다음에 오는 세상.
		一 부 총5획　필 순　一 十 卄 世 世

世	世	世	世	世	世	世	世

※ 世는 '인간', '세상'의 뜻을 나타냅니다.

문제 1-3 다음 漢字한자의 訓(훈: 뜻)과 音(음: 소리)을 쓰세요.

<보기>　　天 → 하늘 천

❶ 上(　　　　　　　)

❷ 姓(　　　　　　　)

❸ 事(　　　　　　　)

문제 4-5 다음 訓(훈: 뜻)과 音(음: 소리)에 맞는 漢字한자를 <보기>에서 골라 그 번호를 쓰세요.

<보기>　①世　②不　③名

❹ 아닐 불(　　　　　　　)

❺ 인간 세(　　　　　　　)

19일차 바로바로 복습

14일차에서 18일차까지 학습한 내용을 복습합니다.

家 집 가											
間 사이 간											
江 강 강											
車 수레 거/수레 차											
工 장인 공											
空 빌 공											
氣 기운 기											
記 기록할 기											
男 사내 남											
內 안 내											
農 농사 농											
答 대답 답											
道 길 도											
動 움직일 동											
力 힘 력											

立 설 립								
每 매양 매								
名 이름 명								
物 물건 물								
方 모 방								
不 아닐 불								
事 일 사								
上 윗 상								
姓 성 성								
世 인간 세								

재미있게 읽는 고사성어

백아절현(伯牙絶絃)

옛날에 거문고의 달인 백아가 있었는데, 백아에게는 늘 곁에서 거문고 연주를 들어주는 종자기라는 친구가 있었어요. 백아가 거문고를 연주하면 종자기는 그것이 무엇을 표현한 것인지 잘 알아들었답니다.

伯 맏 백	牙 어금니 아	絶 끊을 절	絃 줄 현

어느 날 백아가 높은 산을 생각하면서 거문고를 켜자 종자기는 "태산이 눈앞에 우뚝 솟아 있는 느낌이네."라고 하였고, 또 한 번은 백아가 큰 강을 떠올리면서 거문고를 타자 종자기는 "황하가 눈앞에 흐르고 있는 것 같네."라고 하였어요. 이처럼 백아와 종자기는 마음이 잘 통하는 사이였어요.

그런데 어느 날 갑자기 종자기가 죽고 말았어요. 백아는 너무나도 슬픈 나머지 아끼던 거문고 줄을 끊어 버리고 다시는 거문고를 켜지 않았다고 합니다.

'백아절현'은 '백아가 거문고 줄을 끊어 버렸다.'는 뜻으로, '자기를 알아주는 절친한 벗의 죽음을 슬퍼함'을 이르는 말입니다.

20일차

월   일

手 손 수		洗手(세수): 손이나 얼굴을 씻음. 擧手(거수): 손을 위로 들어 올림. 洗: 씻을 세. 擧: 들 거
		手 부 총4획	필순	ˊ ˆ 三 手

時 때 시		日時(일시): 날짜와 시간. 同時(동시): 같은 때나 시기.
		日 부 총10획	필순	丨 冂 日 日 旷 旷 吽 胩 時 時

市 저자 시		市內(시내): 도시의 안. 市場(시장): 여러 가지 상품을 사고파는 일정한 장소.
		巾 부 총5획	필순	ˋ 亠 宀 宇 市

※ 저자: '시장'을 예스럽게 이르는 말.
※ 市는 '시장', '도시'의 뜻을 나타냅니다.

정답 : 181쪽

食 밥/ 먹을 식		食事(식사): 음식을 먹는 일. 飮食(음식): 먹는 것과 마시는 것. 飮: 마실 음
	食 부 총9획	필 순 　ノ 人 亽 今 今 今 食 食

食 食 食 食 食 食 食 食

安 편안 안		安心(안심): 마음을 편히 가짐. 便安(편안): 편하고 걱정 없이 좋음. 便: 편할 편
	宀 부 총6획	필 순 　丶 ㇏ 宀 宀 安 安

安 安 安 安 安 安 安 安

문제 1-3 다음 漢字한자의 訓(훈: 뜻)과 音(음: 소리)을 쓰세요.

〈보기〉　　　天 → 하늘 천

❶ 時(　　　　　　　)

❷ 手(　　　　　　　)

❸ 安(　　　　　　　)

문제 4-5 다음 漢字한자의 진하게 표시한 획은 몇 번째 쓰이는지 〈보기〉에서 찾아 그 번호를 쓰세요.

〈보기〉	① 첫 번째　② 두 번째　③ 세 번째 ④ 네 번째　⑤ 다섯 번째　⑥ 여섯 번째 ⑦ 일곱 번째　⑧ 여덟 번째　⑨ 아홉 번째

❹ 市(　　　　　　　)

❺ 食(　　　　　　　)

7급 Ⅱ 따라쓰기　57

21일차

월   일

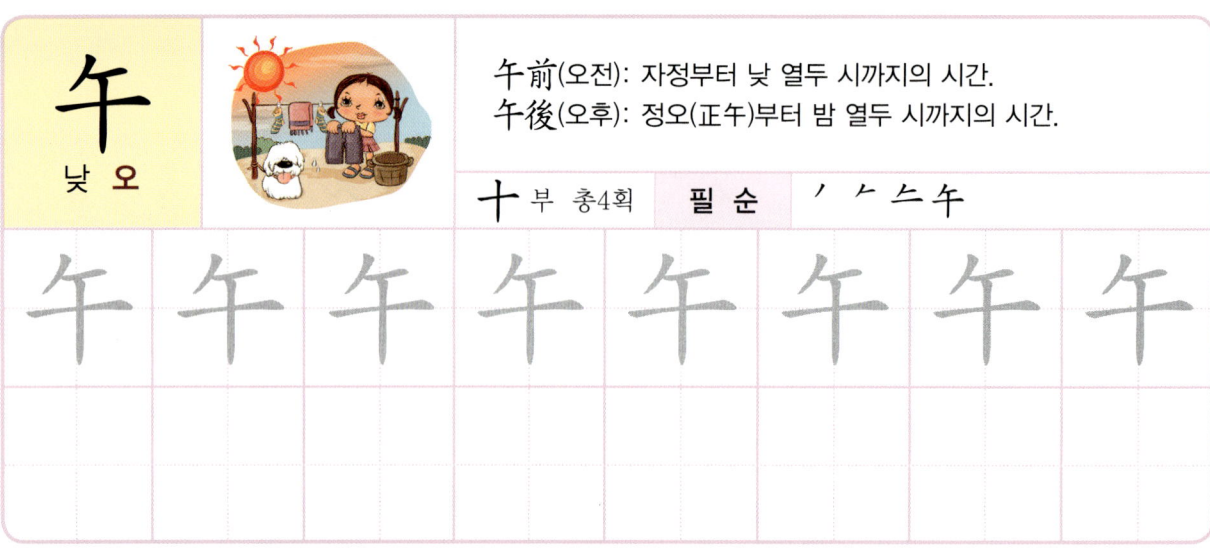

午前(오전): 자정부터 낮 열두 시까지의 시간.
午後(오후): 정오(正午)부터 밤 열두 시까지의 시간.

낮 오

十 부 총4획 필 순 ノ ⺁ ⺊ 午

※ 시간을 나타낼 때 午는 낮 열한 시부터 한 시까지입니다. 정오(正午)는 낮 열두 시 정각입니다.

右側(우측): 오른쪽
左右(좌우): 왼쪽과 오른쪽.

側: 곁 측

오른 우

口 부 총5획 필 순 ノ ナ 才 右 右

子女(자녀): 아들과 딸.
男子(남자): 남성으로 태어난 사람.

아들 자

子 부 총3획 필 순 ⺈ 了 子

문제 1-3
다음 漢字(한자)의 音(음: 소리)을 〈보기〉에서 찾아 그 번호를 쓰세요.

〈보기〉   ① 장   ② 자   ③ 오

❶ 午(   )

❷ 自(   )

❸ 場(   )

문제 4-5
다음 漢字語(한자어)의 音음을 쓰세요.

〈보기〉   漢字 → 한자

❹ 左右(   )

❺ 男子(   )

22일차

電 | 번개 전
發電(발전): 전기를 일으킴.
電動(전동): 전기로 움직임.
發: 필/ 일어날 발
雨 부 총13획 | 필순

※ 번개: 공중 전기의 방전이 일어나 번쩍이는 불꽃.
※ 電은 '번개', '전기'의 뜻을 나타냅니다.

前 | 앞 전
門前(문전): 문의 앞쪽.
前進(전진): 앞으로 나아감.
進: 나아갈 진
刀 부 총9획 | 필순

※ 刀가 오른쪽에 위치할 때는 모양이 대부분 'ㅣ'로 바뀝니다.

全 | 온전 전
全身(전신): 온몸.
全國(전국): 온 나라.
身: 몸 신
入 부 총6획 | 필순

※ 모양이 비슷한 한자에 유의하세요. 金: 쇠 금

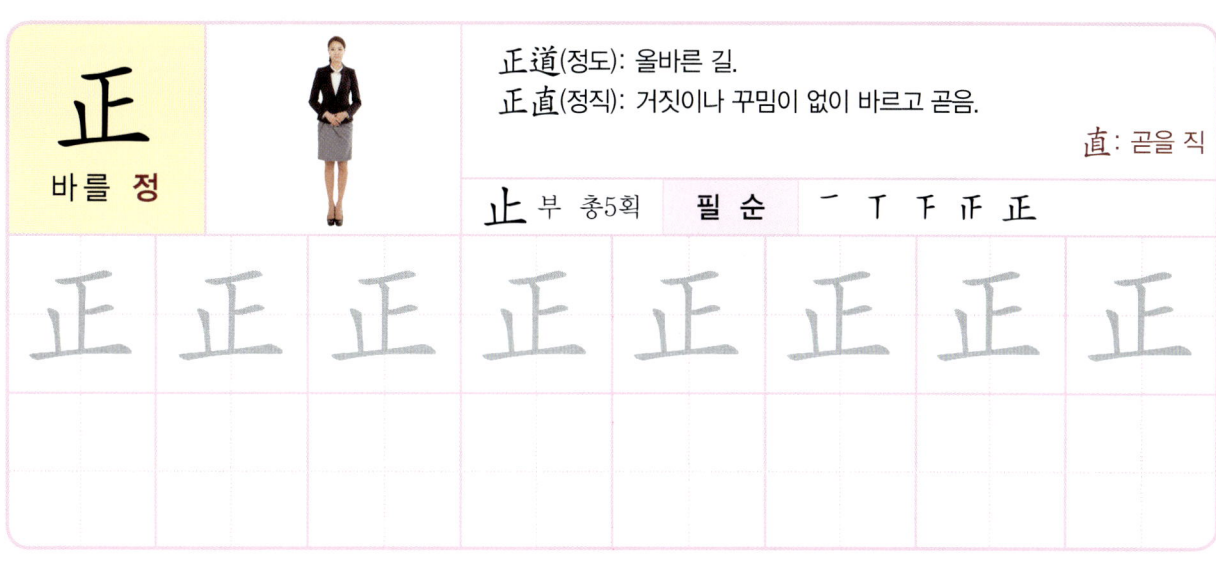

※ 足은 '발', '족하다'의 뜻을 나타냅니다.
※ 不(아닐 불)은 뒤에 오는 한자의 초성이 'ㄷ, ㅈ'인 경우 '부'로 발음합니다. 不足: 불족(×), 부족(○)

문제 1-3 다음 漢字한자의 訓(훈: 뜻)과 音(음: 소리)을 쓰세요.

<보기>　　　天 → 하늘 천

❶ 全(　　　　　　　　)

❷ 正(　　　　　　　　)

❸ 電(　　　　　　　　)

문제 4-5 다음 뜻에 맞는 漢字語한자어를 <보기>에서 찾아 그 번호를 쓰세요.

<보기>　① 門前　② 市內　③ 手足

❹ 손과 발.(　　　　　　　　)

❺ 문의 앞쪽.(　　　　　　　　)

23일차

월   일

左		左側(좌측): 왼쪽.
왼 좌		左右(좌우): 왼쪽과 오른쪽.

工 부 총5획 | 필순 | 一 ナ 左 左 左

左 左 左 左 左 左 左 左

直		正直(정직): 거짓이나 꾸밈이 없이 바르고 곧음.
곧을 직		直線(직선): 꺾이거나 굽은 데가 없는 곧은 선. 線: 줄 선

目 부 총8획 | 필순 | 一 十 亠 † 뉴 肻 直 直

直 直 直 直 直 直 直 直

平		平地(평지): 바닥이 평평한 땅.
평평할 평		平野(평야): 지표면이 평평하고 너른 들. 野: 들 야

干 부 총5획 | 필순 | 一 ㇒ ㇒ 三 平

平 平 平 平 平 平 平 平

7급 II

下 아래 하		天下(천하): 하늘 아래 온 세상. 下落(하락): 값이나 등급 따위가 떨어짐. 落: 떨어질 락
		一 부 총3획　필순　一丁下

漢 한수/한나라 한		漢江(한강): 서울을 중심으로 한 중부를 흐르는 강. 漢字(한자): 중국에서 만들어져서 사용되는 문자. 字: 글자 자
		水 부 총14획　필순　丶丶氵氵汁汁浐浐 浐浐漌漌漢漢

※ 한수: 한강.

문제 1-3 다음 漢字한자의 音(음: 소리)을 〈보기〉에서 찾아 그 번호를 쓰세요.

〈보기〉　① 평　② 한　③ 하

❶ 平(　　　　　　)

❷ 下(　　　　　　)

❸ 漢(　　　　　　)

문제 4-5 다음 밑줄 친 단어의 漢字語한자어의 漢子한자를 〈보기〉에서 골라 그 번호를 쓰세요.

〈보기〉　① 左右　② 正直　③ 日時

❹ 정직한 행동.(　　　　　　)

❺ 좌우로 갈라지다.(　　　　　　)

24일차

월   일

海 바다 해

海底(해저): 바다의 밑바닥.
海外(해외): 바다 밖의 다른 나라.

底: 밑 저

水 부 총10획 필순 ` ` ` 氵 汁 汁 海 海 海 海

話 말씀 화

手話(수화): 손을 써서 표현하는 말.
對話(대화): 마주 대하여 이야기를 주고받음.

對: 대할 대

言 부 총13획 필순 ` 一 二 言 言 言 訁 訁 話 話 話 話 話

活 살 활

復活(부활): 죽었다가 다시 살아남.
生活(생활): 일정한 환경에서 활동하며 살아감.

復: 다시 부

水 부 총9획 필순 ` ` ` 氵 氵 汁 汗 活 活

정답 : 181쪽

孝 효도 효		孝心(효심): 효성스러운 마음. 孝誠(효성): 마음을 다하여 부모를 섬기는 정성. 心: 마음 심 誠: 정성 성
	子 부 총7획 필순	一 十 土 耂 耂 孝 孝

孝 孝 孝 孝 孝 孝 孝

後 뒤 후		先後(선후): 먼저와 나중. 後退(후퇴): 뒤로 물러남. 退: 물러날 퇴
	彳 부 총9획 필순	ノ ノ 彳 彳 彳 彳 彳 後 後

後 後 後 後 後 後 後 後

문제 1-3 다음 漢字한자의 訓(훈: 뜻)과 音(음: 소리)을 쓰세요.

〈보기〉　天 → 하늘 천

❶ 話(　　　　　　　　　　)

❷ 後(　　　　　　　　　　)

❸ 海(　　　　　　　　　　)

문제 4-5 다음 漢字한자의 진하게 표시한 획은 몇 번째 쓰이는지 〈보기〉에서 찾아 그 번호를 쓰세요.

〈보기〉
① 첫 번째　② 두 번째　③ 세 번째
④ 네 번째　⑤ 다섯 번째　⑥ 여섯 번째
⑦ 일곱 번째　⑧ 여덟 번째　⑨ 아홉 번째

❹ 孝(　　　　　　　　　　)

❺ 活(　　　　　　　　　　)

25일차 바로바로 복습

20일차에서 24일차까지 학습한 내용을 복습합니다.

手 손 수										
時 때 시										
市 저자 시										
食 밥/먹을 식										
安 편안 안										
午 낮 오										
右 오른 우										
子 아들 자										
自 스스로 자										
場 마당 장										
電 번개 전										
前 앞 전										
全 온전 전										
正 바를 정										
足 발 족										

7급 Ⅱ

左 왼 좌									
直 곧을 직									
平 평평할 평									
下 아래 하									
漢 한수/한나라 한									
海 바다 해									
話 말씀 화									
活 살 활									
孝 효도 효									
後 뒤 후									

재미있게 읽는 고사성어

마부위침(磨斧爲針)

중국의 유명한 시인인 이백은 어린 시절 훌륭한 스승을 찾아 산에 들어가 공부를 했어요. 어느 날 싫증이 난 이백은 공부를 그만 두고 산을 내려갔지요. 산에서 거의 다 내려왔을 무렵, 어떤 할머니가 물가에서 도끼를 갈고 있었어요.

"할머니, 지금 뭘 하고 계세요?"
"도끼를 갈아서 바늘을 만들려고 한단다."
"도끼를 간다고 바늘이 될까요?"
"이렇게 계속 갈다 보면 언젠가는 바늘이 되지 않겠니?"

이 말을 들은 이백은 크게 깨달아 그 길로 다시 산으로 올라갔어요. 그리고는 할머니의 말을 가슴 깊이 새기며 열심히 공부했지요. 그 결과 이백은 중국에서 가장 뛰어난 시인 중 한 명이 되었답니다..

"마부위침"은 '도끼를 갈아 바늘을 만든다.'는 뜻으로, '아무리 어려운 일이라도 꾸준히 노력하면 마침내 이룰 수 있음'을 이르는 말입니다.

磨	斧	爲	針
갈 마	도끼 부	할 위	바늘 침

26일차

7級 Ⅱ

한국어문회 전국한자능력검정시험 / 60문항 / 50분 시험

*성명과 수험번호를 쓰고 문제지와 답안지는 함께 제출하세요.

성명(_____). 수험번호 □□□-□□-□□□□

[문제 1-22] 다음 밑줄 친 漢字語한자어의 音을 쓰세요.

<보기>

漢字 → 한자

[1] 아버지는 火力 발전소에서 근무하고 계십니다.

[2] 世上에는 참으로 신기한 일들이 많습니다.

[3] 다른 사람이 말하는 中間에 끼어들지 마세요.

[4] 영희는 每日 일기를 씁니다.

[5] 저는 일곱 兄弟 중의 차남입니다.

[6] 수희는 싫다고 고개를 左右로 흔들었습니다.

[7] 할아버지는 거친 땅을 農土로 가꾸셨습니다.

[8] 시골에 사시는 五寸 당숙께서 오셨습니다.

[9] 지하철 5호선에 西大門역이 있습니다.

[10] 이 그림을 그린 사람은 姓名이 없습니다.

[11] 언니는 새로운 직장 生活에 잘 적응하고 있습니다.

[12] 시계가 正午를 가리킵니다.

[13] 율곡은 外家인 강릉에서 태어났습니다.

[14] 우리 父子는 휴일마다 함께 등산을 합니다.

[15] 영수는 유머가 많아 친구들에게 人氣가 많습니다.

[16] 우리나라는 山水가 아름답기로 유명합니다.

[17] 영희는 오랜 배고픔으로 탈진되기 일보 直前입니다.

[18] 부모들은 장남과 長女에 대한 기대가 큽니다.

[19] 이 땅은 평당 十萬 원입니다.

[20] 삼촌이 空軍에 입대하였습니다.

[21] 부모님께서는 南海에서 가을을 보내실 예정입니다.

[22] 노크 소리와 함께 어깨가 딱 벌어진 靑年이 들어섰습니다.

[문제 23-42] 다음 漢字한자의 訓(훈: 뜻)과 音(음: 소리)을 쓰세요.

[문제 43-44] 다음 밑줄 친 단어의 漢字語한자어의 漢字한자를 〈보기〉에서 골라 그 번호를 쓰세요.

〈보기〉

字 → 글자 자

〈보기〉

① 記事 ② 自立
③ 二月 ④ 孝道

[23] 後

[33] 白

[24] 先

[34] 男

[25] 東

[35] 江

[26] 王

[36] 話

[27] 方

[37] 平

[28] 木

[38] 母

[29] 市

[39] 時

[30] 韓

[40] 八

[31] 下

[41] 四

[32] 安

[42] 校

[43] 기자는 신문사로 보낼 기사를 작성하느라 여념이 없습니다.

[44] 그의 극진한 효도에 마을 사람들이 감동하였습니다.

[문제 45-54] 다음 訓(훈: 뜻)과 音(음: 소리)에 맞는 漢字한자를 보기에서 골라 그 번호를 쓰세요.

〈보기〉

① 場 ② 工 ③ 民 ④ 九
⑤ 三 ⑥ 全 ⑦ 六 ⑧ 答
⑨ 北 ⑩ 車

[45] 백성 민

[50] 아홉 구

[46] 북녘 북

[51] 장인 공

[47] 마당 장

[52] 대답 답

[48] 여섯 륙

[53] 수레 거

[49] 온전 전

[54] 석 삼

[문제 55-56] 다음 漢字한자의 상대 또는 반대되는 漢字한자를 보기에서 골라 그 번호를 쓰세요..

〈보기〉

① 金 ② 手
③ 敎 ④ 七

[55] (   ) ↔ 學

[56] (   ) ↔ 足

[문제 57-58] 다음 뜻에 맞는 漢字語한자어를 〈보기〉에서 찾아 그 번호를 쓰세요..

〈보기〉

① 國內 ② 電動
③ 室內 ④ 小食

[57] 방이나 건물의 안.

[58] 전기로 움직임.

[문제 59-60] 다음 漢字한자의 진하게 표시한 획은 몇 번째 쓰는지 〈보기〉에서 찾아 그 번호를 쓰세요.

〈보기〉

① 첫 번째 ② 두 번째
③ 세 번째 ④ 네 번째
⑤ 다섯 번째 ⑥ 여섯 번째
⑦ 일곱 번째 ⑧ 여덟 번째
⑨ 아홉 번째 ⑩ 열 번째

[59]

[60]

♣ 수고하셨습니다.

7급 급수한자 50자 미리보기

歌 노래 가	口 입 구	旗 기 기	同 한가지 동	洞 골 동/밝을 통
冬 겨울 동	登 오를 등	來 올 래	老 늙을 로	里 마을 리
林 수풀 림	面 낯 면	命 목숨 명	文 글월 문	問 물을 문
百 일백 백	夫 지아비 부	算 셈 산	色 빛 색	夕 저녁 석
少 적을 소	所 바 소	數 셈 수	植 심을 식	心 마음 심
語 말씀 어	然 그럴 연	有 있을 유	育 기를 육	邑 고을 읍
入 들 입	字 글자 자	祖 할아비 조	住 살 주	主 임금/주인 주
重 무거울 중	紙 종이 지	地 땅 지	千 일천 천	天 하늘 천
川 내 천	草 풀 초	村 마을 촌	秋 가을 추	春 봄 춘
出 날 출	便 편할 편/똥오줌 변	夏 여름 하	花 꽃 화	休 쉴 휴

27일차

월   일

歌
노래 가

校歌(교가): 학교를 상징하는 노래.
祝歌(축가): 축하의 뜻을 담은 노래.

祝: 빌/ 축하할 축

欠 부 총14획   필 순   一ㄱㄱ可可可哥哥哥哥哥歌歌歌

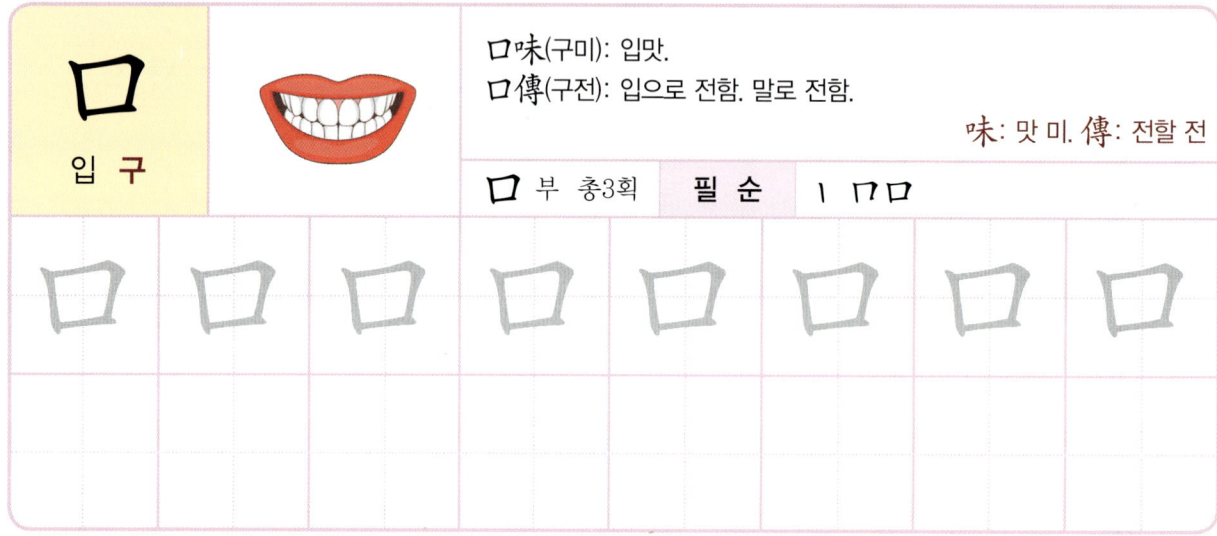

口
입 구

口味(구미): 입맛.
口傳(구전): 입으로 전함. 말로 전함.

味: 맛 미. 傳: 전할 전

口 부 총3획   필 순   丨口口

旗
기 기

白旗(백기): 흰 빛깔의 기.
國旗(국기): 나라를 상징하는 기.

方 부 총14획   필 순   丶一方方方方扩扩扩旂旂旗旗旗

7급

정답 : 182쪽

同		同時(동시): 같은 때나 시기.
한가지 동		同一(동일): 어떤 것과 비교하여 똑같음.
		口 부 총6획　필 순　｜ 冂 冂 同 同 同

同	同	同	同	同	同	同	同

洞		洞民(동민): 한동네에서 같이 사는 사람. 그 동(洞)에 사는 사람.
골　동 밝을　통		洞察(통찰): 환하게 살핌. 예리한 관찰력으로 사물을 꿰뚫어 봄. 察: 살필 찰
		水 부 총9획　필 순　丶 丶 氵 氵 洞 洞 洞 洞 洞

洞	洞	洞	洞	洞	洞	洞	洞

※ 골: ① 골짜기　② '고을'의 준말

문제 1-3 다음 漢字한자의 訓(훈: 뜻)과 音(음: 소리)을 쓰세요.

〈보기〉	天 → 하늘 천

❶ 口(　　　　　　　　　)

❷ 旗(　　　　　　　　　)

❸ 同(　　　　　　　　　)

문제 4-5 다음 漢字語한자어의 音음을 쓰세요.

〈보기〉	漢字 → 한자

❹ 校歌(　　　　　　　　　)

❺ 洞民(　　　　　　　　　)

28일차

冬 겨울 동
- 冬季(동계): 겨울철.
- 冬服(동복): 겨울철에 입는 옷.

季: 계절 계. 服: 옷 복

冫부 총5획 | 필순 | ノ ク 夂 冬 冬

登 오를 등
- 登山(등산): 산에 오름.
- 登頂(등정): 산 따위의 꼭대기에 오름.

頂: 정수리/ 꼭대기 정

癶부 총12획 | 필순 | ノ フ ㇆ ㇆' 癶 癶 癶 癶 癶 登 登 登

來 올 래
- 往來(왕래): 가고 오고 함.
- 來日(내일): 오늘 바로 다음 올 날.

往: 갈 왕

人부 총8획 | 필순 | 一 ㇇ ㇇ 㓁 㓁 來 來 來

※ 'ㄹ'이 단어의 첫머리에 오면 'ㄴ' 또는 'ㅇ'으로 발음됩니다. 來日: 래일(×), 내일(○)

※ 'ㄹ'이 단어의 첫머리에 오면 'ㄴ' 또는 'ㅇ'으로 발음됩니다. 老人: 로인(×), 노인(○)

※ 里는 '마을', '거리의 단위'의 뜻을 나타냅니다.

문제 1-3 다음 漢字한자의 訓(훈: 뜻)과 音(음: 소리)을 쓰세요.

<보기>　　　　天 → 하늘 천

❶ 冬(　　　　　　　　　　)

❷ 來(　　　　　　　　　　)

❸ 里(　　　　　　　　　　)

문제 4-5 다음 뜻에 맞는 漢字語한자어를 <보기>에서 찾아 그 번호를 쓰세요.

<보기>　① 老後　② 來日　③ 登山

❹ 산에 오름.(　　　　　　　)

❺ 늙어진 뒤.(　　　　　　　)

29일차

林 수풀 림

山林(산림): 산과 숲.
林野(임야): 숲과 들.

野: 들 야

木 부 총8획 필순 一 十 才 木 木 朴 材 林

※ 'ㄹ'이 단어의 첫머리에 오면 'ㄴ' 또는 'ㅇ'으로 발음됩니다. 林野: 림야(×), 임야(○)

面 낯 면

顔面(안면): 얼굴.
洗面(세면): 손이나 얼굴을 씻음.

顔: 낯 안. 洗: 씻을 세

面 부 총9획 필순 一 丆 丆 而 而 而 面 面

命 목숨 명

人命(인명): 사람의 목숨.
短命(단명): 목숨이 짧음.

短: 짧을 단

口 부 총8획 필순 ノ 人 亼 仐 合 合 命 命

7급

정답 : 182쪽

文 글월 문

文字(문자): 글자.
文句(문구): 글의 구절.

句: 글귀 구

文 부 총4획　필 순　丶 一 ナ 文

※ '글월'은 예전에, '글자'를 이르던 말입니다.

問 물을 문

問答(문답): 물음과 대답.
疑問(의문): 의심하여 물음. 의심스럽게 생각함.

疑: 의심할 의

口 부 총11획　필 순　丨 冂 冂 冃 冃 門 門 門 問 問

※ 모양이 비슷한 한자에 유의하세요. 間: 사이 간

문제 1-3 다음 漢字語한자어의 音음을 쓰세요.

〈보기〉　　音 → 음

❶ 面(　　　　　)

❷ 問(　　　　　)

❸ 文(　　　　　)

문제 4-5 다음 밑줄 친 말에 해당하는 漢字한자를 〈보기〉에서 찾아 그 번호를 쓰세요.

〈보기〉　① 命　② 登　③ 林

❹ 아름드리나무가 우거진 <u>수풀</u>.
(　　　　　　　)

❺ <u>목숨</u>을 바쳐 나라를 구하였다.
(　　　　　　　)

30일차

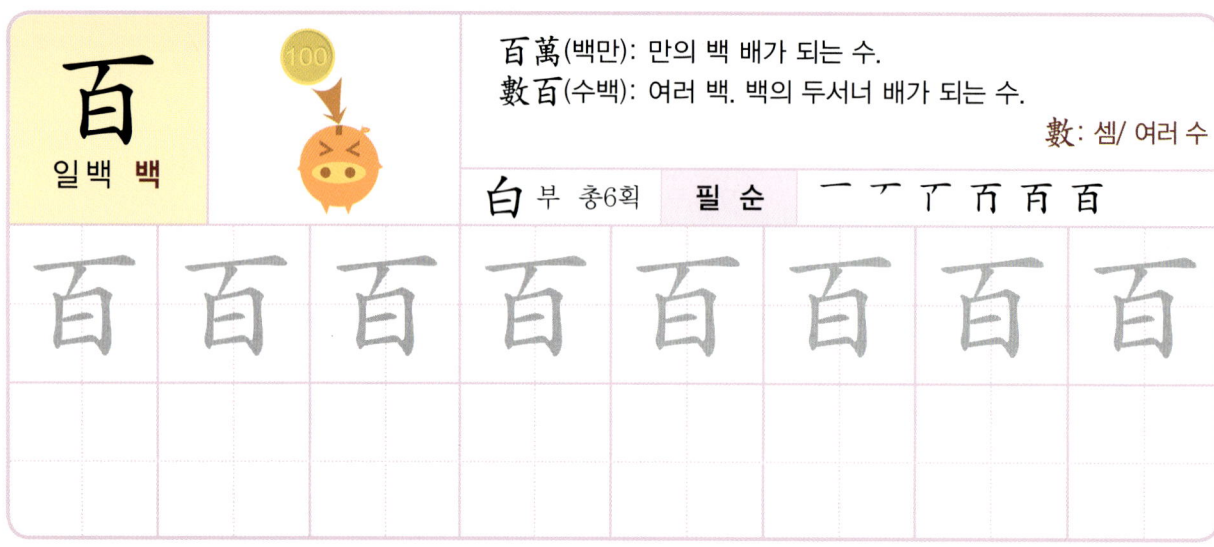

百 일백 백
百萬(백만): 만의 백 배가 되는 수.
數百(수백): 여러 백. 백의 두서너 배가 되는 수.
數: 셈/ 여러 수
白 부 총6획 필순 一 丆 丆 百 百 百

※ 모양이 비슷한 한자에 유의하세요. 白: 흰 백

夫 지아비 부
夫婦(부부): 남편과 아내.
夫人(부인): 남의 아내를 높여 이르는 말.
婦: 며느리/ 아내 부
大 부 총4획 필순 一 二 丰 夫

※ 지아비는 '남편'을 예스럽게 이르는 말입니다.

算 셈 산
計算(계산): 수를 헤아림.
合算(합산): 합하여 계산함.
計: 셀 계. 合: 합할 합
竹 부 총14획 필순 ノ ト 竹 竹 竹 竹 竹 竹 笞 笞 筲 算 算

정답 : 182쪽

色 빛 색		白色(백색): 흰색. 靑色(청색): 푸른색.		
		色 부 총6획	필 순	ノ ク タ 午 各 色

色	色	色	色	色	色	色	色

夕 저녁 석		朝夕(조석): 아침과 저녁. 夕陽(석양): 저녁때의 햇빛. 朝: 아침 조. 陽: 볕 양		
		夕 부 총3획	필 순	ノ ク 夕

夕	夕	夕	夕	夕	夕	夕	夕

문제 1-3 다음 漢字한자의 音(음: 소리)을 〈보기〉에서 찾아 그 번호를 쓰세요.

〈보기〉   ① 백   ② 부   ③ 산

❶ 算(   )

❷ 夫(   )

❸ 百(   )

문제 4-5 다음 밑줄 친 말에 해당하는 漢字한자를 〈보기〉에서 찾아 그 번호를 쓰세요.

〈보기〉   ① 夕   ② 色   ③ 面

❹ 푸른색 청바지.(   )

❺ 저녁에 온 가족이 모인다.(   )

31일차

少 적을 소

多少(다소): 많음과 적음.
最少(최소): 양 따위가 가장 적음.
　　* 最小(최소): 수나 정도 따위가 가장 작음.

小 부　총4획　｜필 순｜　丿 小 小 少

少 少 少 少 少 少 少 少

※ 모양이 비슷한 한자에 유의하세요. 小: 작을 소

── 도끼로 나무를 벤다 하여 '방법', 찍는 곳이라는 데서 '장소'를 뜻함.

所 바 소

所謂(소위): 이른바(세상에서 말하는 바).
場所(장소): 어떤 일이 이루어지거나 일어나는 곳.
　　　　　　　　　　　　　　　　謂: 이를 위

戶 부　총8획　｜필 순｜　丶 冫 亍 戶 戶 所 所 所

所 所 所 所 所 所 所 所

※ '바'는 일의 방법이나 방도를 나타냅니다.
※ 所는 '바', '것', '곳'의 뜻을 나타냅니다.

數 셈 수

多數(다수): 수효가 많음.
數百(수백): 여러 백. 백의 두서너 배가 되는 수

攵 부　총15획　｜필 순｜　丶 口 曰 田 甲 昌 昌 曲 婁
婁 婁 婁 數 數 數

數 數 數 數 數 數 數 數

※ 數는 '셈', '수', '여러'의 뜻을 나타냅니다.
※ 수효는 '낱낱의 수'라는 뜻입니다.

植 심을 식		植木(식목): 나무를 심음. 植物(식물): 온갖 나무와 풀의 총칭. 동물과 함께 둘로 구분한 생물계의 한 부문.		
		木 부 총12획	필 순	一 十 才 木 术 朽 柿 柿 植 植 植

心 마음 심	♡	心身(심신): 마음과 몸. 眞心(진심): 거짓이 없는 참된 마음. 身: 몸 신. 眞: 참 진		
		心 부 총4획	필 순	㇂ 心 心 心

문제 1-3 다음 漢字한자의 訓(훈: 뜻)과 音(음: 소리)을 쓰세요.

〈보기〉 天 → 하늘 천

❶ 少(　　　　　　　　　)

❷ 數(　　　　　　　　　)

❸ 心(　　　　　　　　　)

문제 4-5 다음 漢字한자의 진하게 표시한 획은 몇 번째 쓰이는지 〈보기〉에서 찾아 그 번호를 쓰세요.

〈보기〉
① 첫 번째 ② 두 번째 ③ 세 번째
④ 네 번째 ⑤ 다섯 번째 ⑥ 여섯 번째
⑦ 일곱 번째 ⑧ 여덟 번째 ⑨ 아홉 번째

❹ 所(　　　　　　　　　)

❺ 植(　　　　　　　　　)

32일차 바로바로 복습

월   일

27일차에서 31일차까지 학습한 내용을 복습합니다.

歌 노래 가									
口 입 구									
旗 기 기									
同 한가지 동									
洞 골 동/밝을 통									
冬 겨울 동									
登 오를 등									
來 올 래									
老 늙을 로									
里 마을 리									
林 수풀 림									
面 낯 면									
命 목숨 명									
文 글월 문									
問 물을 문									

百 일백 백									
夫 지아비 부									
算 셈 산									
色 빛 색									
夕 저녁 석									
少 적을 소									
所 바 소									
數 셈 수									
植 심을 식									
心 마음 심									

 재미있게 읽는 고사성어

어부지리(漁夫之利)

강에 살고 있는 조개가 강변에 나와 입을 벌리고 햇볕을 쬐고 있었어요. 그때 이를 본 도요새가 잽싸게 날아와 조개의 살을 쪼았어요. 조개는 깜짝 놀라 입을 다물었지요. 그래서 도요새의 부리가 조개껍데기 사이에 끼고 말았어요.

도요새가 말했습니다.
"내가 계속 물고 있으면 너는 말라 죽을걸?"
그러자 조개가 말했습니다.
"내가 안 놓아 주면 너는 굶어 죽고 말걸?"
그때 마침 지나가던 어부가 조개와 도요새를 모두 잡게 되었답니다.
"어부지리"는 '어부의 이익'이라는 뜻으로, '두 사람이 이해관계로 서로 싸우는 사이에 엉뚱한 사람이 애쓰지 않고 가로챈 이익'을 이르는 말입니다.

漁	夫	之	利
고기잡을 어	사내 부	갈/어조사 지	이로울 리

33일차

월   일

語 말씀 어

主語(주어): 문장의 주체가 되는 말.
國語(국어): 한 나라의 국민이 쓰는 말. 우리나라의 언어.

言 부 총14획 필순 丶 亠 丅 亍 言 言 言 訁 訐 訊 訊 語 語 語

然 그럴 연

必然(필연): 반드시 그렇게 될 수밖에 없음.
自然(자연): 사람의 힘을 더하지 않는 천연 그대로의 상태.

必: 반드시 필

火 부 총12획 필순 丿 ク 夕 夕 夕 妖 妖 妖 然 然 然

有 있을 유

(손에 가지고 있다는 데서 '있다'는 뜻을 나타냄)

有無(유무): 있음과 없음.
有用(유용): 쓸모가 있음.

月 부 총6획 필순 丿 ナ 才 有 有 有

정답 : 182쪽

育 기를 육		育兒(육아): 어린아이를 기름. 敎育(교육): 지식과 기술 따위를 가르치며 인격을 길러 줌. 兒: 아이 아
	肉 부 총8획	필 순 　丶　亠　亠　云　产　育　育　育

邑 고을 읍		邑內(읍내): 읍의 안. 都邑(도읍): 한 나라의 수도. 서울. 都: 도읍 도
	邑 부 총7획	필 순 　丨　口　日　吕　吕　吕　邑

문제 1-3 다음 漢字한자의 訓(훈: 뜻)과 音(음: 소리)을 쓰세요.

<보기>　　　天 → 하늘 천

❶ 語(　　　　　　)

❷ 有(　　　　　　)

❸ 育(　　　　　　)

문제 4-5 다음 訓(훈: 뜻)과 音(음: 소리)에 맞는 漢字한자를 <보기>에서 골라 그 번호를 쓰세요.

<보기>　① 邑　② 植　③ 然

❹ 그럴 연(　　　　　　)

❺ 고을 읍(　　　　　　)

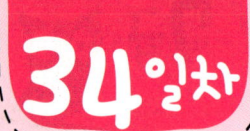

월   일

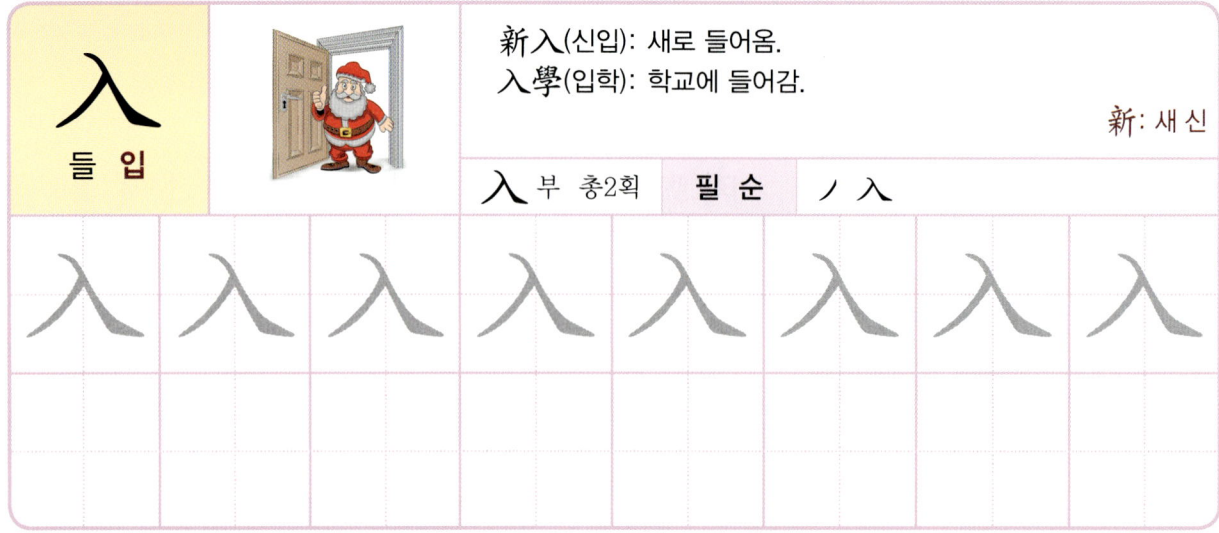

入 (들 입)

新入(신입): 새로 들어옴.
入學(입학): 학교에 들어감.

新: 새 신

入 부 총2획 필순 ノ 入

※ 모양이 비슷한 한자에 유의하세요. 人: 사람 인

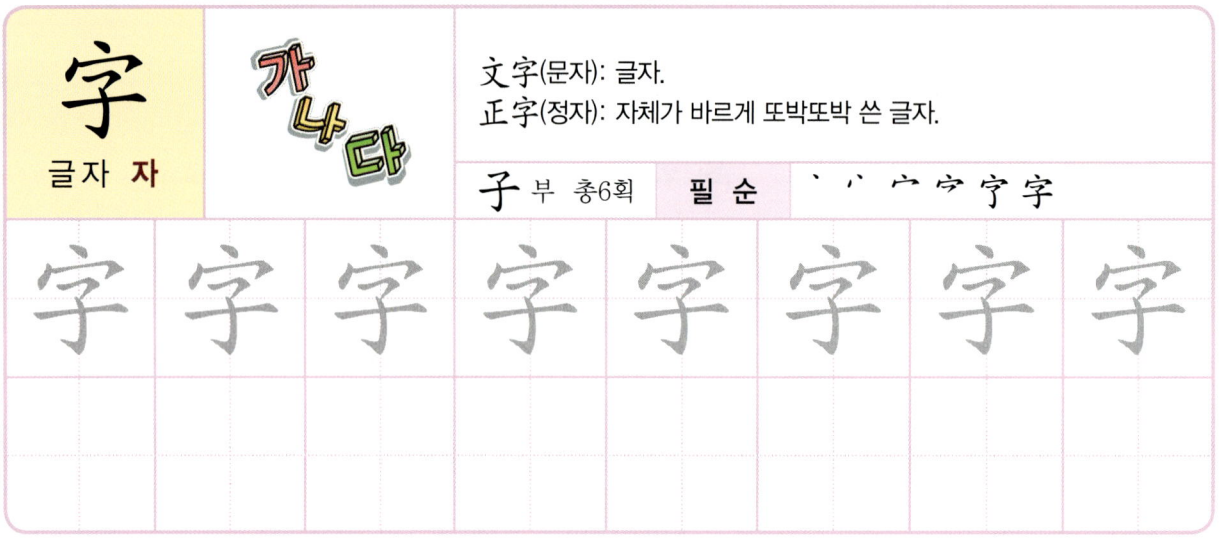

字 (글자 자)

文字(문자): 글자.
正字(정자): 자체가 바르게 또박또박 쓴 글자.

子 부 총6획 필순 丶 丷 宀 宁 字 字

祖 (할아비 조)

祖母(조모): 할머니.
祖孫(조손): 할아버지와 손자.

孫: 손자 손

示 부 총10획 필순 一 二 亍 亓 示 利 祖 祖 祖 祖

住所(주소): 사는 곳.
居住(거주): 일정한 곳에 머물러 삶.

居: 살 거

住 살 주

人부 총7획 필순 ノ イ 亻 亻 仁 住 住

主客(주객): 주인과 손.
君主(군주): 임금. 나라를 다스리는 최고 지위에 있는 사람.

君: 임금 군

主 임금/주인 주

丶부 총5획 필순 丶 亠 宀 主 主

※ 모양이 비슷한 한자에 유의하세요. 王: 임금 왕

문제 1-3 다음 漢字한자의 音(음: 소리)을 〈보기〉에서 찾아 그 번호를 쓰세요.

〈보기〉 ① 주 ② 자 ③ 입

❶ 入(   )

❷ 字(   )

❸ 主(   )

문제 4-5 다음 漢字語한자어의 음음을 쓰세요.

〈보기〉   漢字 → 한자

❹ 住所(   )

❺ 祖母(   )

35일차

월   일

重 무거울 중

體重(체중): 몸무게.
輕重(경중): 가벼움과 무거움.

體: 몸 체. 輕: 가벼울 경

里 부 총9획   필순   ノ 一 二 千 斤 斤 盲 重 重

重 重 重 重 重 重 重 重

紙 종이 지

色紙(색지): 색종이.
白紙(백지): 흰 종이.

糸 부 총10획   필순   ㄴ ㄴ ㄠ 幺 幺 糸 糸 紅 紙 紙

紙 紙 紙 紙 紙 紙 紙 紙

地 땅 지

天地(천지): 하늘과 땅.
土地(토지): 사람의 생활과 활동에 이용하는 땅.

土 부 총6획   필순   一 十 土 圵 地 地

地 地 地 地 地 地 地 地

정답 : 182쪽

千 일천 천	**1000**	千萬(천만): 만의 천 배가 되는 수. 數千(수천): 여러 천. 천의 두서너 배가 되는 수.
		十 부 총3획 필 순 ノ 二 千

千 千 千 千 千 千 千 千

天 하늘 천		天下(천하): 하늘 아래 온 세상. 天罰(천벌): 하늘이 내리는 큰 벌. 罰: 벌할 벌
		大 부 총4획 필 순 一 二 チ 天

天 天 天 天 天 天 天 天

문제 1-3 다음 漢字한자의 訓(훈: 뜻)과 音(음: 소리)을 쓰세요.

<보기>   天 → 하늘 천

❶ 重(　　　　　　　　)

❷ 地(　　　　　　　　)

❸ 千(　　　　　　　　)

문제 4-5 다음 뜻에 맞는 漢字語한자어를 <보기>에서 찾아 그 번호를 쓰세요.

<보기>   ① 色紙   ② 教育   ③ 天下

❹ 색종이.(　　　　　　　　)

❺ 하늘 아래 온 세상.(　　　　　　　　)

36일차

월   일

川 내 천		山川(산천): 산과 내. 河川(하천): 강과 시내. 河: 물/강 하
		巛 부 총3획 **필순** 丿 丿l 川

川 川 川 川 川 川 川 川

草 풀 초		草木(초목): 풀과 나무. 藥草(약초): 약으로 쓰는 풀. 藥: 약 약
		艸 부 총10획 **필순** 一 十 艹 艹 苩 苩 草 草

草 草 草 草 草 草 草 草

※ 艸가 머리에 위치할 때 모양이 '艹'로 바뀝니다.

村 마을 촌		江村(강촌): 강가에 있는 마을. 農村(농촌): 주민의 대부분이 농업에 종사하는 마을.
		木 부 총7획 **필순** 一 十 オ 木 木 村 村

村 村 村 村 村 村 村 村

7급

秋 가을 추
春秋(춘추): 봄과 가을.
秋收(추수): 가을에 익은 곡식을 거두어들임.
收: 거둘 수
禾 부 총9획　필 순　一 二 千 千 千 禾 禾 秋 秋

春 봄 춘
春風(춘풍): 봄바람.
青春(청춘): 새싹이 파랗게 돋아나는 봄철. 십 대 후반에서 이십 대에 걸치는 인생의 젊은 나이.
風: 바람 풍
日 부 총9획　필 순　一 二 三 声 夫 表 春 春 春

문제 1-3 다음 漢字한자의 音(음: 소리)을 〈보기〉에서 찾아 그 번호를 쓰세요.

〈보기〉　① 초　② 춘　③ 촌

❶ 草(　　　　　)

❷ 村(　　　　　)

❸ 春(　　　　　)

문제 4-5 다음 밑줄 친 단어의 漢字語한자어를 〈보기〉에서 골라 그 번호를 쓰세요.

〈보기〉　① 白紙　② 秋收　③ 山川

❹ 고향의 산천.(　　　　　)

❺ 추수를 막 끝낸 들판.(　　　　　)

37일차

出 (날 출)

出戰(출전): 싸우러 나감.
出國(출국): 나라의 국경 밖으로 나감.

戰: 싸움 전

凵부 총5획 | 필순 | 丨 十 屮 出 出

便 (편할 편, 똥오줌 변)

便利(편리): 편하고 이로우며 이용하기 쉬움.
小便(소변): '오줌'을 점잖게 이르는 말.

利: 이할 리

人부 총9획 | 필순 | ノ イ 亻 亻 佢 佢 佢 便 便

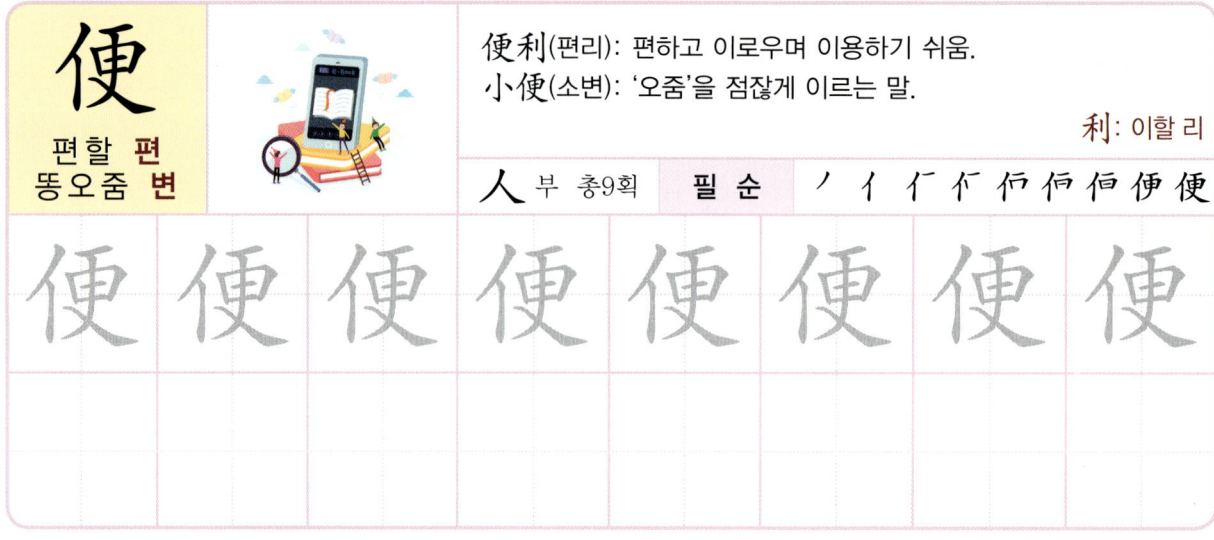

※ 便은 뜻에 따라 음이 다름에 유의하세요.
※ 이하다: 이익이나 이득이 되다.

夏 (여름 하)

夏季(하계): 여름철.
夏服(하복): 여름 옷.

夂부 총10획 | 필순 | 一 丆 丆 丆 百 百 頁 頁 夏 夏

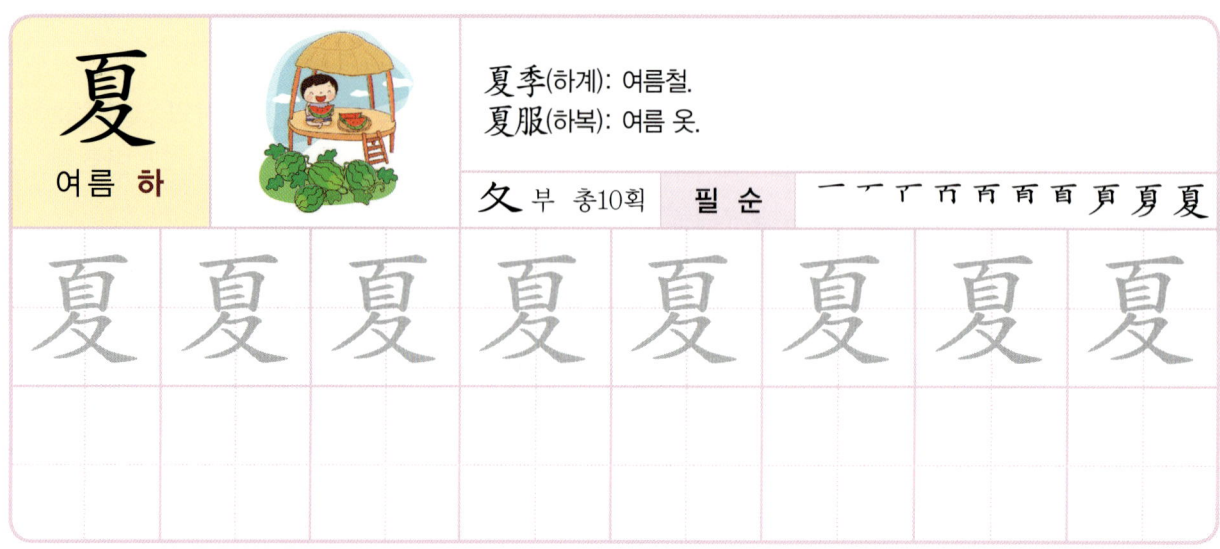

정답 : 182쪽

花 꽃 화	花草(화초): 꽃이 피는 풀과 나무. 花園(화원): 꽃을 심은 동산. 꽃밭. 園: 동산 원
	艹 부 총8획　필 순　一 十 艹 艹 花 花

休 쉴 휴	休日(휴일): 일을 하지 않고 쉬는 날. 休息(휴식): 하던 일을 멈추고 잠깐 쉼. 息: 쉴 식
	亻 부 총6획　필 순　丿 亻 亻 仁 什 休 休

문제 1-3 다음 漢字한자의 訓(훈: 뜻)과 音(음: 소리)을 쓰세요.

〈보기〉　　天 → 하늘 천

❶ 出(　　　　　　)

❷ 夏(　　　　　　)

❸ 休(　　　　　　)

문제 4-5 다음 漢字한자의 진하게 표시한 획은 몇 번째 쓰이는지 〈보기〉에서 찾아 그 번호를 쓰세요.

〈보기〉	① 첫 번째　② 두 번째　③ 세 번째 ④ 네 번째　⑤ 다섯 번째　⑥ 여섯 번째 ⑦ 일곱 번째　⑧ 여덟 번째　⑨ 아홉 번째

❹ 便(　　　　　　)

❺ 花(　　　　　　)

38일차

바로바로 복습

33일차에서 37일차까지 학습한 내용을 복습합니다.

語 말씀 어										
然 그럴 연										
有 있을 유										
育 기를 육										
邑 고을 읍										
入 들 입										
字 글자 자										
祖 할아비 조										
住 살 주										
主 임금/주인 주										
重 무거울 중										
紙 종이 지										
地 땅 지										
千 일천 천										
天 하늘 천										

川 내 천							
草 풀 초							
村 마을 촌							
秋 가을 추							
春 봄 춘							
出 날 출							
便 편할 편/ 똥오줌 변							
夏 여름 하							
花 꽃 화							
休 쉴 휴							

재미있게 읽는 고사성어

형설지공(螢雪之功)

옛날에 차윤이란 사람은 책 읽기를 좋아했어요. 그런데 집이 가난하여 등잔을 켤 기름이 부족했어요. 밤에도 책을 읽고 싶었던 차윤은 여름이면 수십 마리의 반딧불을 주머니에 담아 그 빛으로 책을 비추어 읽었어요. 그렇게 밤늦도록 책을 읽어 나중에 이부상서라는 높은 벼슬에 올랐다고 합니다.

손강이란 사람 또한 책 읽기를 좋아했어요. 그런데 손강 역시 집이 가난하여 등잔을 켜지 못할 때가 많았지요. 그래서 겨울이면 눈빛에 책을 비추어 글을 읽었어요. 그렇게 열심히 공부한 결과 어사대부라는 높은 벼슬에 올랐다고 합니다.

螢　雪　之　功
반딧불 형　눈 설　갈/어조사 지　공 공

'형설지공'은 '반딧불과 눈빛으로 이룬 공'이라는 뜻으로, '어려움을 이겨내고 공부하여 이룬 공'을 이르는 말입니다.

39일차

7級

한국어문회 전국한자능력검정시험 / 70문항 / 50분 시험

*성명과 수험번호를 쓰고 문제지와 답안지는 함께 제출하세요.

성명(_____). 수험번호 □□□-□□-□□□□

[문제 1-32] 다음 밑줄 친 漢字語한자어의 音음을 쓰세요.

<보기>

漢字 → 한자

[1] 소나무 열 그루를 植木했습니다.

[2] 五月은 가정의 달입니다.

[3] 많은 궁녀들이 九重궁궐에서 살았습니다.

[4] 그 집은 車便으로 불과 5분 거리입니다.

[5] 임금이 죽자 어린 王子가 왕위를 이어받았습니다.

[6] 안경을 끼고 나니 事物이 또렷이 보입니다.

[7] 화성에는 과연 生命이 존재할까?

[8] 主人 의식을 가지고 공공시설을 이용해야 합니다.

[9] 동생은 花草를 잘 가꿉니다.

[10] 강릉에서 강원 道民 체육대회가 열렸습니다.

[11] 어린아이들을 올바르게 敎育해야 합니다.

[12] 그의 手記 속에는 고생한 흔적이 드러나 있습니다.

[13] 어머니는 유난히 長男에 대한 기대가 크셨습니다.

[14] 내 방에는 電話가 설치되어 있지 않습니다.

[15] 그들은 같은 학교를 나온 同門입니다.

[16] 오빠는 休學한 후 군대에 갔습니다.

[17] 우리는 이번 여름 방학을 外家에서 지냈습니다.

[18] 그 집 딸은 孝女라고 평판이 나있습니다.

[19] 날씨가 따뜻해서 登山하기 좋습니다.

[20] 내 시력은 左右 모두 1.5입니다.

[21] 우리 농산물을 애용하여 農村을 살립시다.

[22] 三寸은 시골에서 젖소 20여 마리를 키웁니다.

[23] 엄마는 자주 자원봉사 活動을 하십니다.

[24] 부모님께서는 南海에서 가을을 보내십니다.

[25] 명수는 종이 울리기 直前에 답안을 고쳤습니다.

[26] 우리 동네의 室內 수영장은 항상 만원입니다.

[27] 少年은 책가방을 땅에 놓고 미끄럼을 탑니다.

[28] 이모는 後食으로 수박을 주셨습니다.

[29] 공공 場所에서는 조용히 해 주십시오.

[30] 커다란 독수리가 <u>空中</u>에서 빙빙 돌고 있습니다.
[31] 나는 <u>每日</u> 화단에 물을 줍니다.
[32] <u>色紙</u>로 예쁜 학을 접었습니다.

[문제가 33-52] 다음 漢字한자의 訓(훈: 뜻)과 音(음: 소리)을 쓰세요.

<보기>

字 → 글자 자

[33] 答
[34] 面
[35] 邑
[36] 先
[37] 老
[38] 秋
[39] 祖
[40] 方
[41] 然
[42] 氣
[43] 住
[44] 西
[45] 時
[46] 冬
[47] 弟
[48] 名
[49] 北
[50] 旗
[51] 林
[52] 江

[문제 53-54] 다음 밑줄 친 단어의 漢字語한자어를 <보기>에서 골라 그 번호를 쓰세요.

<보기>

① 水力   ② 軍歌
③ 算數   ④ 百姓

[53] 경수는 이번 <u>산수</u> 시험에서 만점을 받았습니다.
[54] 병사들이 <u>군가</u>를 부르며 행진을 합니다.

[문제 55-64] 다음 訓(훈: 뜻)과 音(음: 소리)에 맞는 漢字한자를 보기에서 골라 그 번호를 쓰세요.

<보기>

① 校 ② 來 ③ 有 ④ 夫
⑤ 春 ⑥ 工 ⑦ 夕 ⑧ 里
⑨ 火 ⑩ 世

[55] 마을 리
[56] 올 래
[57] 불 화
[58] 저녁 석
[59] 학교 교
[60] 봄 춘
[61] 인간 세
[62] 있을 유
[63] 지아비 부
[64] 장인 공

[문제 65-66] 다음 漢字한자의 상대 또는 반대되는 漢字한자를 보기에서 골라 그 번호를 쓰세요.

<보기>
① 出 ② 足 ③ 地 ④ 平

[65] 天 ↔ (   )

[66] (   ) ↔ 入

[문제 67-68] 다음 뜻에 맞는 漢字語한자어를 <보기>에서 찾아 그 번호를 쓰세요

<보기>
① 自立   ② 安全
③ 國土   ④ 正午

[67] 스스로 섬.

[68] 낮 열두 시.

[문제 69-70] 다음 漢字한자의 진하게 표시한 획은 몇 번째 쓰는지 <보기>에서 찾아 그 번호를 쓰세요.

<보기>
① 첫 번째   ② 두 번째
③ 세 번째   ④ 네 번째
⑤ 다섯 번째 ⑥ 여섯 번째
⑦ 일곱 번째 ⑧ 여덟 번째
⑨ 아홉 번째 ⑩ 열 번째

[69]

[70]

♣ 수고하셨습니다.

6급Ⅱ 급수한자 75자 미리보기

各	角	界	計	高	公	共	功
각각 각	뿔 각	지경 계	셀 계	높을 고	공평할 공	한가지 공	공 공

果	科	光	球	今	急	短	堂
실과 과	과목 과	빛 광	공 구	이제 금	급할 급	짧을 단	집 당

代	對	圖	讀	童	等	樂	利
대신할 대	대할 대	그림 도	읽을 독/구절 두	아이 동	무리 등	즐길 락/노래 악/좋아할 요	이할 리

理	明	聞	半	反	班	發	放
다스릴 리	밝을 명	들을 문	반 반	돌이킬/돌아올 반	나눌 반	필 발	놓을 방

部	分	社	書	線	雪	成	省
떼 부	나눌 분	모일 사	글 서	줄 선	눈 설	이룰 성	살필 성/덜 생

消	術	始	身	神	信	新	弱
사라질 소	재주 술	비로소 시	몸 신	귀신 신	믿을 신	새 신	약할 약

藥	業	勇	用	運	音	飮	意
약 약	업 업	날랠 용	쓸 용	옮길 운	소리 음	마실 음	뜻 의

作	昨	才	戰	庭	第	題	注
지을 작	어제 작	재주 재	싸움 전	뜰 정	차례 제	제목 제	부을 주

集	窓	淸	體	表	風	幸	現
모을 집	창 창	맑을 청	몸 체	겉 표	바람 풍	다행 행	나타날 현

形	和	會
모양 형	화할 화	모일 회

※ 모양이 비슷한 한자에 유의하세요. 名: 이름 명

※ 지경: 땅의 경계, 일정한 테두리 안의 땅.

6급 II

정답 : 183쪽

計 셀 계

計算(계산): 수를 헤아림.
合計(합계): 한데 합하여 계산함.

合: 합할 합

言부 총9획 필순 `丶 亠 ㇒ 言 言 言 言 計`

計 計 計 計 計 計 計 計

高 높을 고

最高(최고): 가장 높음.
高級(고급): 등급이 높음. 품질이 뛰어나고 값이 비쌈.

最: 가장 최. 級: 등급 급

高부 총10획 필순 `丶 亠 ㅗ 古 古 高 高 高 高`

高 高 高 高 高 高 高 高

문제 1-3 다음 한자의 訓(훈: 뜻)과 음을 쓰세요.

<보기> 天 → 하늘 천

1. 角(   )
2. 高(   )
3. 各(   )

문제 4-5 다음 漢字語의 讀音을 쓰세요.

<보기> 漢字 → 한자

4. 世界(   )
5. 計算(   )

41일차

월   일

公 공평할 공		公正(공정): 공평하고 올바름. 公平(공평): 어느 쪽으로도 치우치지 않고 고름.
		八 부 총4획　필 순　ノ 八 公 公

公 公 公 公 公 公 公 公

共 한가지 공		共用(공용): 함께 씀. 共有(공유): 두 사람 이상이 한 물건을 공동으로 소유함.
		八 부 총6획　필 순　一 十 卄 丑 共 共

共 共 共 共 共 共 共 共

※ 共은 '한가지', '함께'의 뜻을 나타냅니다.

功 공 공		武功(무공): 군사상의 공적. 功名(공명): 공을 세워 이름을 떨침. 武: 호반/ 군사 무
		力 부 총5획　필 순　一 丁 工 功 功

功 功 功 功 功 功 功 功

※ 호반: 무관의 반열.

6급 II

정답 : 183쪽

果 실과 과

果實(과실): 과일, 열매.
結果(결과): 열매를 맺음. 어떤 원인으로 결말이 생김.

實: 열매 실. 結: 맺을 결

木 부 총8획 필 순 ㅣ ㄇ ㅁ 日 旦 甲 果 果

※ 실과: 과일.

科 과목 과

敎科(교과): 가르치는 과목.
學科(학과): 교수, 연구의 편의를 위하여 구분한 학술의 과목.

禾 부 총9획 필 순 ノ 二 千 千 禾 禾 禾 科 科

문제 1-3 다음 한자의 訓(훈: 뜻)과 音을 쓰세요.

〈보기〉   天 → 하늘 천

❶ 科( )

❷ 功( )

❸ 果( )

문제 4-5 다음 뜻에 맞는 漢字語를 〈보기〉에서 찾아 그 번호를 쓰세요.

〈보기〉 ① 各自   ② 公正   ③ 共用

❹ 함께 씀.( )

❺ 공평하고 올바름.( )

42일차

光 빛 광

發光(발광): 빛을 냄.
夜光(야광): 어둠 속에서 빛을 냄.

夜: 밤 야

儿 부 총6획 | 필 순 | 丨 光

球 공 구

投球(투구): 공을 던짐.
球形(구형): 공같이 둥근 형태.

玉 부 총11획 | 필 순 | 一 二 F 王 王- 玎 玌 玏 球 球

※ 玉이 왼쪽에 위치할 때 모양이 '王'으로 바뀝니다.

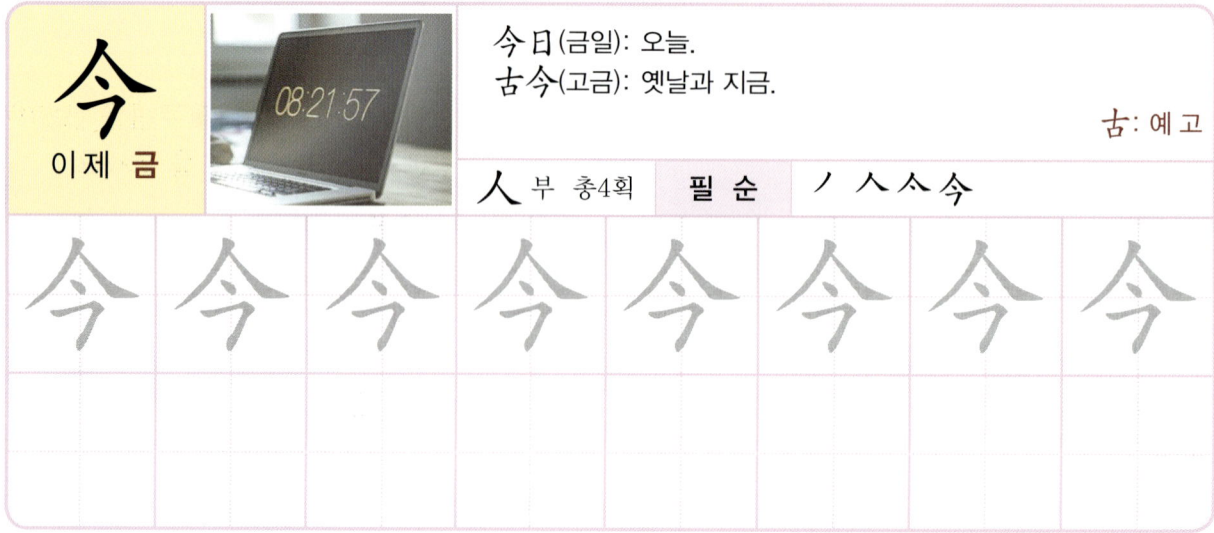

今 이제 금

今日(금일): 오늘.
古今(고금): 옛날과 지금.

古: 예 고

人 부 총4획 | 필 순 | ノ 人 人 今

6급 II

急 (급할 급)

急速(급속): 급하고 빠름.
性急(성급): 성질이 급함.

速: 빠를 속. 性: 성품 성

心 부   총9획   필 순   ノ ク ㇰ 刍 刍 刍 急 急 急

短 (짧을 단)

長短(장단): 길고 짧음.
短劍(단검): 길이가 짧은 칼.

劍: 칼 검

矢 부   총12획   필 순   ノ ㇑ ⺑ 눅 矢 矣 矢 知 知 知 短 短

문제 1-3 다음 漢字語의 音을 쓰세요.

〈보기〉   音 → 음

❶ 今(　　　　　　　)

❷ 短(　　　　　　　)

❸ 急(　　　　　　　)

문제 4-5 다음 밑줄 친 말에 해당하는 漢字를 〈보기〉에서 찾아 그 번호를 쓰세요.

〈보기〉   ① 球   ② 果   ③ 光

❹ 빛이 환하다.(　　　　　　)

❺ 공을 던지다.(　　　　　　)

43일차

堂 집 당

食堂(식당): 건물 안에 식사를 할 수 있게 시설을 갖춘 장소.
講堂(강당): 강의, 의식 따위를 할 때에 쓰는 건물이나 큰 방.
講: 욀 강

土 부 총11획 필순 ⺊⺊⺌⺌⺍⺎尚尚堂堂

※ 외다: ① 같은 말을 되풀이 하다. ② 외우다(글이나 말을 기억하여 두었다가 한자도 틀리지 않게 그대로 말하다)의 준말.

代 대신할 대

代行(대행): 남을 대신하여 행함.
代價(대가): 물건을 산 대신의 값.
價: 값 가

亻 부 총5획 필순 ノ 亻 仁 代 代

對 대할 대

相對(상대): 서로 마주 대함.
對話(대화): 마주 대하여 이야기를 주고받음.

寸 부 총14획 필순 ⺊⺊⺌⺍⺎⺷⺸业业
业业對對

6급Ⅱ

정답 : 183쪽

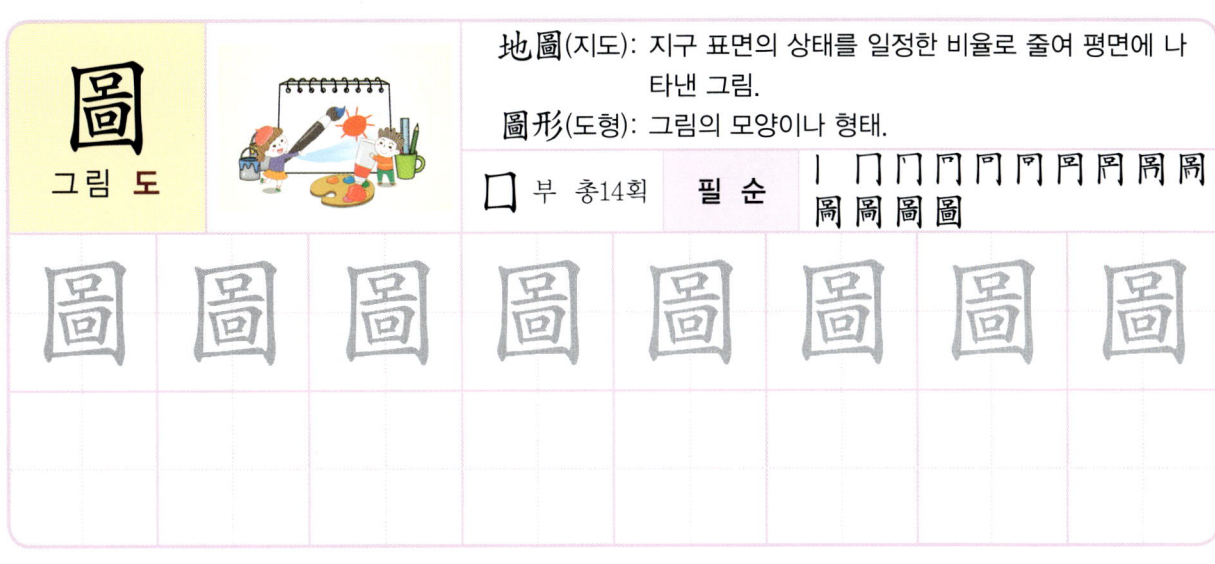

圖 그림 도		地圖(지도): 지구 표면의 상태를 일정한 비율로 줄여 평면에 나타낸 그림. 圖形(도형): 그림의 모양이나 형태.		
		囗 부 총14획	필 순	丨 冂 冂 円 円 冋 冋 冐 冐 冐 冐 圖 圖

讀 읽을 독 구절 두		讀書(독서): 책을 읽음. 讀者(독자): 책, 신문 따위의 글을 읽는 사람. 者: 놈 자		
		言 부 총22획	필 순	丶 亠 亠 言 言 言 言 言 言 許 許 許 讀 讀 讀 讀 讀 讀 讀 讀 讀 讀

※ 讀은 뜻에 따라 음이 다름에 유의하세요.

문제 1-3 다음 漢字의 음을 〈보기〉에서 찾아 그 번호를 쓰세요.

〈보기〉 ① 당   ② 대   ③ 도

❶ 圖(   )

❷ 代(   )

❸ 堂(   )

문제 4-5 다음 밑줄 친 漢字語의 讀音을 쓰세요.

❹ 가을은 <u>讀書</u>의 계절이다.(   )

❺ <u>相對</u> 팀은 예상보다 훨씬 강했다.(   )

6급Ⅱ 따라쓰기 107

※ 等은 '무리', '등급', '같다'의 뜻을 나타냅니다.

※ 樂은 뜻에 따라 음이 다름에 유의하세요.

정답 : 183쪽

利 이할 리		利用(이용): 이롭게 씀. 有利(유리): 이익이 있음.		
		刀 부 총7획	필 순	ノ 二 千 禾 禾 利 利

利	利	利	利	利	利	利	利

※ 이하다: 이익이나 이득이 된다.
※ 'ㄹ'이 단어의 첫머리에 오면 'ㄴ' 또는 'ㅇ'으로 발음됩니다. 利用: 리용(×), 이용(○)

理 다스릴 리		事理(사리): 일의 이치. 代理(대리): 남을 대신하여 일을 처리함.	代: 대신할 대	
		玉 부 총11획	필 순	ノ 二 千 王 丑 丑 玑 玾 理 理

理	理	理	理	理	理	理	理

※ 理는 '다스릴', '이치'의 뜻을 나타냅니다.

문제 1-3 다음 한자의 訓(훈: 뜻)과 음을 쓰세요.

〈보기〉　　　天 → 하늘 천

❶ 童(　　　　　　　　)

❷ 利(　　　　　　　　)

❸ 等(　　　　　　　　)

문제 4-5 다음 訓(훈: 뜻)과 음에 맞는 漢字를 〈보기〉에서 골라 그 번호를 쓰세요.

〈보기〉　① 理　② 樂　③ 對

❹ 즐길 락(　　　　　　　　)

❺ 다스릴 리(　　　　　　　　)

6급Ⅱ 따라쓰기　109

바로바로 복습

40일차에서 44일차까지 학습한 내용을 복습합니다.

各 각각 각									
角 뿔 각									
界 지경 계									
計 셀 계									
高 높을 고									
公 공평할 공									
共 한가지 공									
功 공 공									
果 실과 과									
科 과목 과									
光 빛 광									
球 공 구									
今 이제 금									
急 급할 급									
短 짧을 단									

堂 집 당									
代 대신할 대									
對 대할 대									
圖 그림 도									
讀 읽을 독/ 구절 두									
童 아이 동									
等 무리 등									
樂 즐길 락/ 노래 악/ 좋아할 요									
利 이할 리									
理 다스릴 리									

 재미있게 읽는 고사성어

새옹지마(塞翁之馬)

옛날 중국 변방에 한 노인이 살고 있었어요. 어느 날 노인의 말이 오랑캐 땅으로 넘어가 버렸어요. 이에 마을 사람들이 노인에게 위로의 말을 전했어요. 그러자 노인은 "이 일이 복이 될지 누가 알겠소?" 하며 태연했어요. 얼마 후 도망쳤던 말이 암말 한 필을 데리고 돌아왔어요. 마을 사람들이 이를 축하하자, 노인은 "이게 화가 될지 누가 알겠소?" 하며 별로 좋아하지 않았어요. 며칠 후 노인의 아들이 말을 타다가 떨어져 다리가 부러졌어요. 이에 마을 사람들이 다시 위로를 하자, 노인은 역시 "이게 복이 될지 누가 압니까." 하며 대수롭지 않게 말했어요. 그로부터 1년 후 오랑캐가 쳐들어 왔어요. 마을 젊은이들이 전쟁터에 나가 대부분 죽고 말았지요. 그러나 노인의 아들은 다리가 부러진 까닭에 전쟁터에 나가지 않아 살 수 있었답니다.

'새옹지마'는 '변방에 사는 노인의 말'이라는 뜻으로, '인생의 길흉화복은 변화가 많아서 예측하기가 어려움'을 이르는 말입니다.

塞 翁 之 馬
변방 새 늙은이 옹 갈/어조사 지 말 마

46일차

월   일

明 밝을 명

明暗(명암): 밝음과 어두움.
證明(증명): 증거를 들어서 밝힘.

暗: 어두울 암

日 부 총8획 필순 丨 冂 冂 日 日' 明 明 明

聞 들을 문

所聞(소문): 사람들 입에 오르내려 전하여 들리는 말.
見聞(견문): 보고 들음. 보거나 듣거나 하여 깨달아 얻은 지식.

見: 볼 견

耳 부 총14획 필순 丨 冂 冂 冃 冃 門 門 門 門 門 閂 閆 聞

※ 모양이 비슷한 한자에 유의하세요. 問: 물을 문. 間: 사이 간

半 반 반

過半(과반): 절반이 넘음.
折半(절반): 하나를 반으로 가름.

折: 꺾을 절

十 부 총5획 필순 ノ ヽ ㇒ 亠 半

6급 II

정답 : 183쪽

反 돌이킬/돌아올 반

相反(상반): 서로 반대됨.
反對(반대): 두 사물이 등지거나 서로 맞섬.

又 부 총4획   필 순   ᅳ 厂 反 反

※ 反은 '돌이키다', '돌아오다', '반대'의 뜻을 나타냅니다.

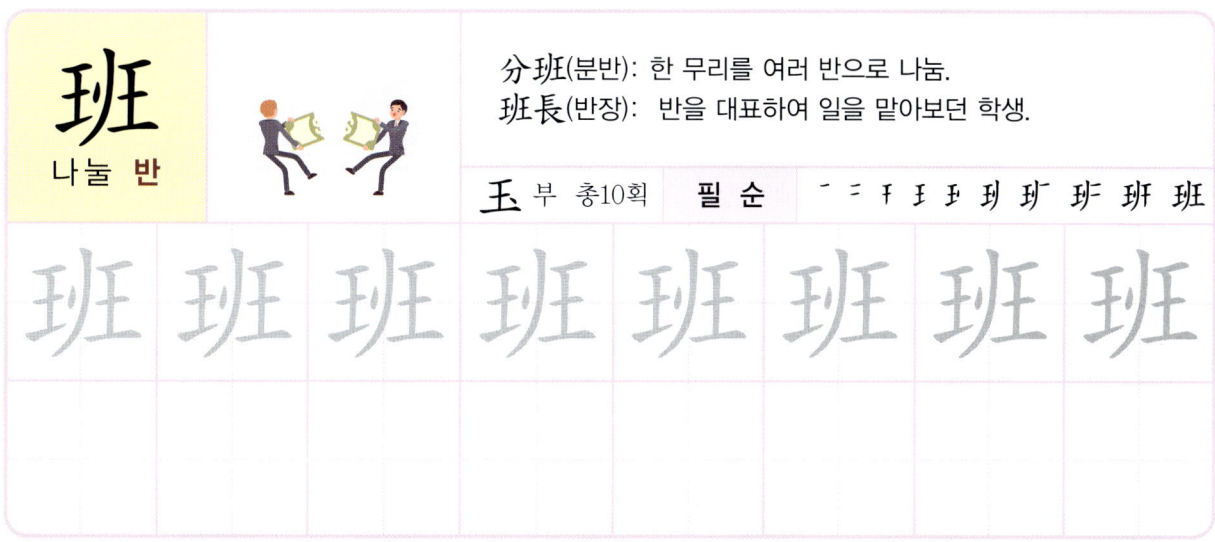

班 나눌 반

分班(분반): 한 무리를 여러 반으로 나눔.
班長(반장): 반을 대표하여 일을 맡아보던 학생.

玉 부 총10획   필 순   ᅳ ᅳ 千 王 王 珇 玥 玡 班 班

문제 1-3 다음 한자의 訓(훈: 뜻)과 音을 쓰세요.

<보기>　　　天 → 하늘 천

❶ 半(　　　　　　　　)

❷ 聞(　　　　　　　　)

❸ 明(　　　　　　　　)

문제 4-5 다음 밑줄 친 단어의 漢字語한자어를 <보기>에서 골라 그 번호를 쓰세요.

<보기>　① 反對　② 事理　③ 班長

❹ 반대 방향.(　　　　　　　)

❺ 학급 반장을 뽑았다.(　　　　　　　)

6급 II 따라쓰기　113

47일차

發 필발

再發(재발): 다시 일어남.
發生(발생): 어떤 일이나 사물이 생겨남.

再: 두 재

癶부 총12획 | 필순: ﾉ ｱ ｳﾞ ｸﾞ ﾊﾞ ﾊﾞ ﾊﾞ 癶 登 發 發 發

※ 發은 '피다', '일어나다'의 뜻을 나타냅니다.

放 놓을 방

放出(방출): 내놓음.
開放(개방): 활짝 열어 놓음.

開: 열 개

攴부 총8획 | 필순: ﾞ ﾞ ﾉ 方 方 ﾎﾞ 放 放

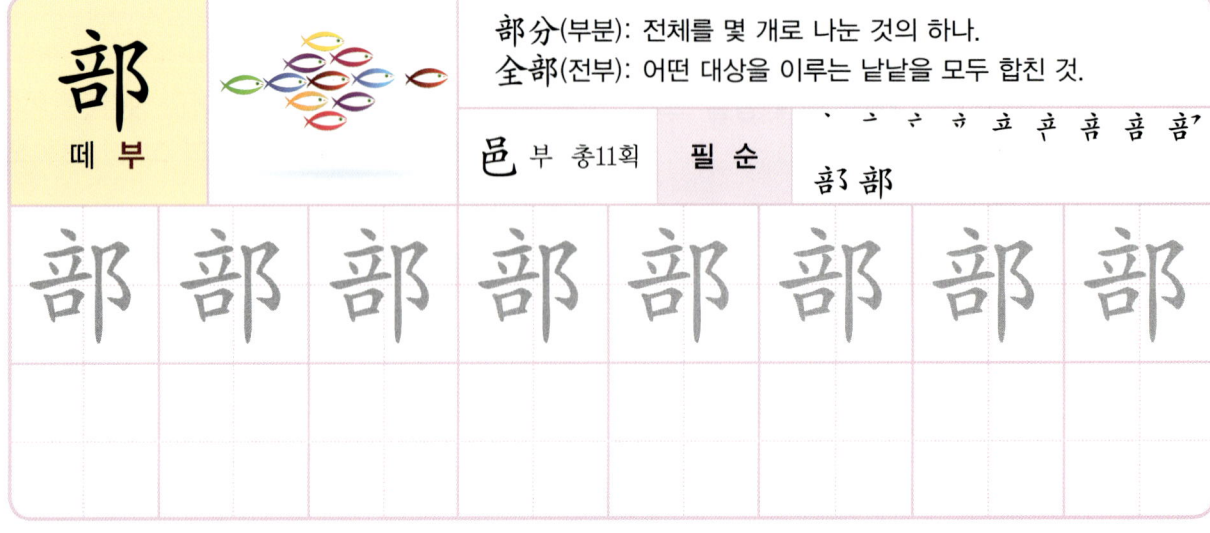

部 떼 부

部分(부분): 전체를 몇 개로 나눈 것의 하나.
全部(전부): 어떤 대상을 이루는 낱낱을 모두 합친 것.

邑부 총11획 | 필순: ﾞ ﾞ ﾞ ﾎ ﾎ ﾎﾞ 音 音 音ﾞ 部 部

6급 II

정답 : 183쪽

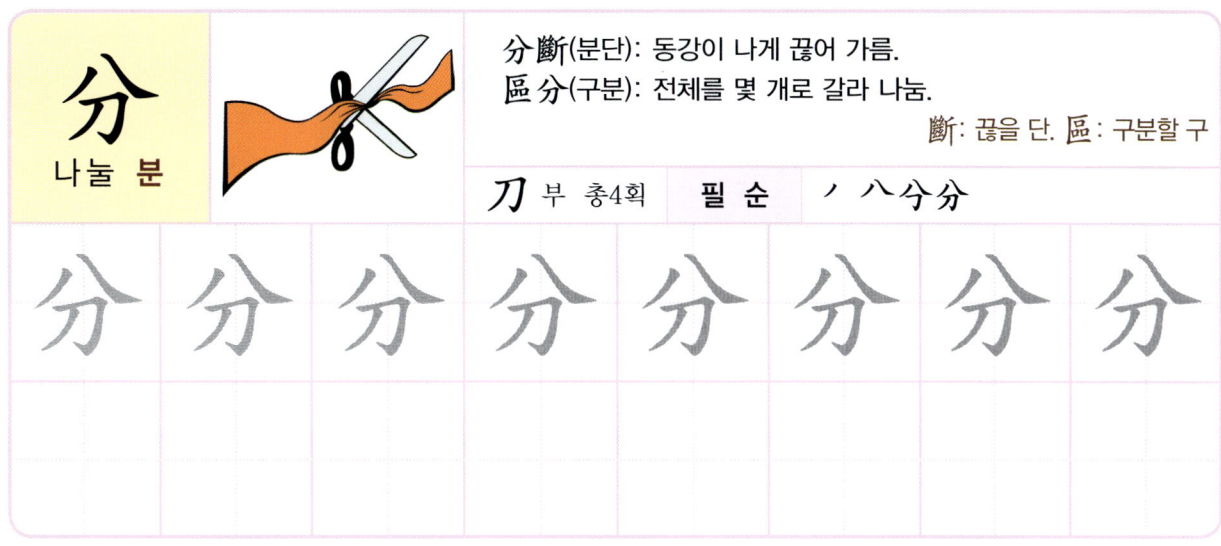

分 나눌 분		分斷(분단): 동강이 나게 끊어 가름. 區分(구분): 전체를 몇 개로 갈라 나눔. 斷: 끊을 단. 區: 구분할 구
		刀부 총4획 필순 ノ 八 今 分

社 모일 사		社交(사교): 여러 사람이 모여 서로 사귐. 社會(사회): 같은 무리끼리 모여 이루는 집단.
		示부 총8획 필순 ᅳ ᅮ ᅲ ᅲ ᅲ ᅲ 社 社

문제 1-3 다음 漢字의 음을 〈보기〉에서 찾아 그 번호를 쓰세요.

〈보기〉   ① 발   ② 사   ③ 부

❶ 發(   )

❷ 社(   )

❸ 部(   )

문제 4-5 다음 밑줄 친 漢字語를 漢字로 쓰세요.

❹ 중요한 <u>부분</u>에 줄을 긋다.
   (   )

❺ 에너지를 외부로 <u>방출</u>하다.
   (   )

48일차

書 글 서

讀書(독서): 책을 읽음.
書畫(서화): 글씨와 그림.

畫: 그림 화

日 부 총10획 필순 ㄱ ㄱㄱ ㅋ ㅋ 聿 聿 書 書 書

書 書 書 書 書 書 書 書

※ 書는 '글', '책'의 뜻을 나타냅니다.

線 줄 선

直線(직선): 꺾이거나 굽은 데가 없는 곧은 선.
曲線(곡선): 모나지 아니하고 부드럽게 굽은 선.

曲: 굽을 곡

糸 부 총15획 필순 ' ㄴ ㄠ ㅡ 幺 糸 糸 糸 糸 糸 紗 紗 紗 紒 線

線 線 線 線 線 線 線 線

雪 눈 설

雪景(설경): 눈이 내리거나 눈이 쌓인 경치.
雪原(설원): 눈이 덮인 벌판.

景: 볕/ 경치 경, 原: 언덕/ 들 원

雨 부 총11획 필순 一 厂 乛 乛 雨 雨 雨 雪 雪 雪 雪

雪 雪 雪 雪 雪 雪 雪 雪

6급 II

정답 : 183쪽

成 이룰 성

成事(성사): 일을 이룸.
完成(완성): 완전히 다 이룸.

完: 완전할 완

戈 부 총7획 필순 ノ 厂 厂 厅 成 成 成

省 살필 성 / 덜 생

省略(생략): 전체에서 일부를 줄이거나 뺌.
反省(반성): 잘못이나 부족함이 없는지 돌이켜 봄.

略: 간략할 략

目 부 총9획 필순 丨 丨 丿 少 少 省 省 省 省

※ 省은 뜻에 따라 음이 다름에 유의하세요.

문제 1-3 다음 한자의 訓(훈: 뜻)과 음을 쓰세요.

〈보기〉   天 → 하늘 천

① 線(   )

② 雪(   )

③ 省(   )

문제 4-5 다음 뜻에 맞는 漢字語를 〈보기〉에서 찾아 그 번호를 쓰세요.

〈보기〉 ① 發生   ② 讀書   ③ 成事

④ 책을 읽음.(   )

⑤ 일을 이룸.(   )

6급 II 따라쓰기 117

49일차

월   일

消 사라질 소

消滅(소멸): 사라져 없어짐.
消費(소비): 돈이나 물자 따위를 들이거나 써서 없앰.

滅: 꺼질/ 없어질 멸. 費: 쓸 비

水 부 총10획 필순 ` ` ⺡ ⺡ ⺡ ⺡ 浐 消 消 消

消 消 消 消 消 消 消 消

術 재주 술

技術(기술): 만들거나 짓거나 하는 재주.
武術(무술): 무기 쓰기, 주먹질, 발길질 따위의 무도에 관한 기술.

技: 재주 기. 武: 호반/ 군사 무

行 부 총11획 필순 ノ ⼃ 彳 千 升 泎 徉 徉 術 術 術

術 術 術 術 術 術 術 術

始 비로소 시

始初(시초): 맨 처음.
始作(시작): 처음으로 함.

初: 처음 초

女 부 총8획 필순 ㄑ ㄑ 女 女 女 女 始 始

始 始 始 始 始 始 始 始

※ 비로소: 처음으로 이루어짐을 나타내는 말.

6급 II

身 몸 신
自身(자신): 자기의 몸.
心身(심신): 마음과 몸.
身 부 총7획 필 순 ´ ⺈ ⺆ 亻 自 身 身

神 귀신 신
神話(신화): 신비스러운 이야기.
山神(산신): 산을 지키고 다스리는 신.
示 부 총10획 필 순 ` ⺈ 亍 示 示 ネ 初 神 神 神

※ 神은 '귀신', '신비하다'의 뜻을 나타냅니다.

문제 1-3 다음 漢字의 음을 〈보기〉에서 찾아 그 번호를 쓰세요.

〈보기〉 ① 시   ② 술   ③ 소

❶ 消(   )

❷ 始(   )

❸ 術(   )

문제 4-5 다음 뜻에 맞는 漢字語를 〈보기〉에서 찾아 그 번호를 쓰세요.

〈보기〉 ① 神話   ② 反省   ③ 心身

❹ 마음과 몸.(   )

❺ 신비스러운 이야기.(   )

50일차

월   일

信 (믿을 신)

確信(확신): 굳게 믿음.
自信(자신): 어떤 일을 해낼 수 있다고 스스로 굳게 믿음.

確: 굳을 확

人부 총9획 | 필순 | ノ 亻 亻 亻 亻 信 信 信 信

新 (새 신)

新年(신년): 새해.
最新(최신): 가장 새로움.

斤부 총13획 | 필순 | 亠 亠 亠 ㅗ 효 효 후 辛 辛 新 新 新

弱 (약할 약)

弱化(약화): 세력이나 힘이 약해짐.
弱者(약자): 힘이나 세력이 약한 사람.

弓부 총10획 | 필순 | 乛 弓 弓 弓 弓 弱 弱 弱 弱

6급 II

정답 : 183쪽

藥 약 약

藥用(약용): 약으로 씀.
藥草(약초): 약으로 쓰는 풀.

艹 부 총19획   필순

業 업 업

生業(생업): 살아가기 위하여 하는 일.
學業(학업): 공부하여 학문을 닦는 일.

木 부 총13획   필순

※ 업: 일, 직업

문제 1-3 다음 한자의 訓(훈: 뜻)과 音을 쓰세요.

<보기>   天 → 하늘 천

① 弱( )

② 業( )

③ 藥( )

문제 4-5 다음 밑줄 친 漢字語를 漢字로 쓰세요.

④ 나는 잘 해낼 <u>자신</u>이 있다.
( )

⑤ <u>신년</u>에는 더욱더 건강하시길 기원합니다. ( )

51일차

바로바로 복습

46일차에서 50일차까지 학습한 내용을 복습합니다.

明 밝을 명											

聞 들을 문											

半 반 반											

反 돌이킬/돌아올 반											

班 나눌 반											

發 필 발											

放 놓을 방											

部 떼 부											

分 나눌 분											

社 모일 사											

書 글 서											

線 줄 선											

雪 눈 설											

成 이룰 성											

省 살필 성/덜 생											

6급 Ⅱ

消 사라질 소										
術 재주 술										
始 비로소 시										
身 몸 신										
神 귀신 신										
信 믿을 신										
新 새 신										
弱 약할 약										
藥 약 약										
業 업 업										

재미있게 읽는 고사성어

모순

　옛날 중국에 무기를 파는 상인이 있었어요. 상인은 발 앞에 무기를 늘어놓은 다음 방패를 들고 큰 소리로 자랑하였어요.
　"자, 방패 사세요. 이 방패는 아주 단단해서 어떤 창이라도 다 막아낼 수 있습니다."
　그런 다음 이번에는 창을 들고 큰 소리로 외쳤어요.
　"자, 창 사세요. 이 창은 아주 날카로워서 어떤 방패라도 다 뚫을 수 있습니다."
　그러자 구경하던 어떤 사람이 물었어요.
　"그럼, 그 창으로 그 방패를 찌르면 어떻게 되나요?"

矛　盾
창 모　방패 순

　상인은 말문이 막혀 서둘러 무기를 챙겨 후다닥 달아나고 말았답니다.
　'모순'은 '창과 방패'라는 뜻으로, '말이나 행동의 앞뒤가 서로 맞지 않음'을 이르는 말입니다.

52일차

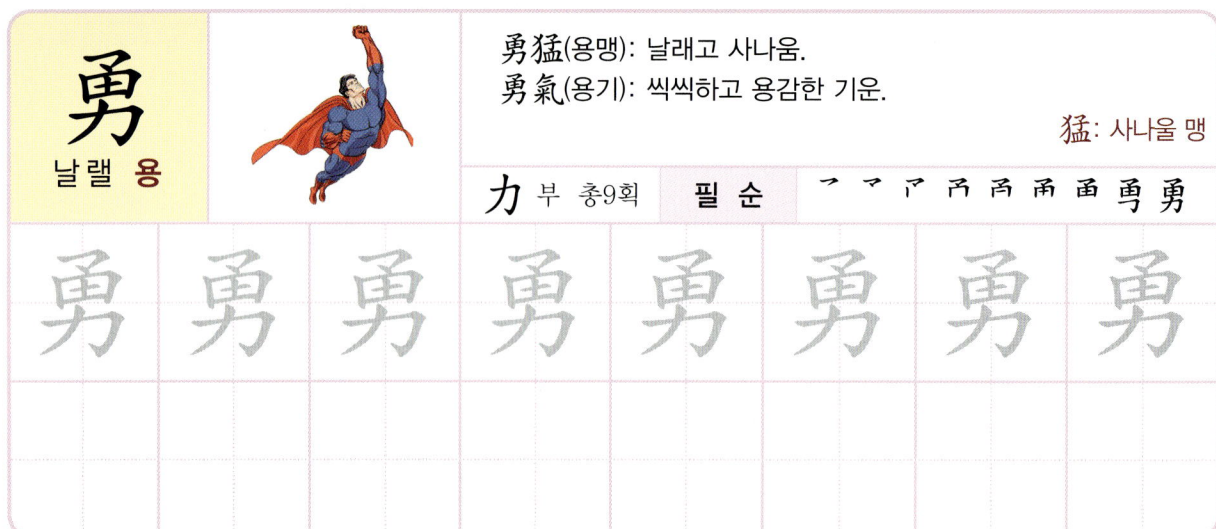

勇 날랠 용
- 勇猛(용맹): 날래고 사나움.
- 勇氣(용기): 씩씩하고 용감한 기운.

猛: 사나울 맹

力 부 총9획 　필 순　 ㄱ ㄱ ㄱ 丂 丂 丙 甬 勇 勇

※ 勇은 '날래다', '용감하다'의 뜻을 나타냅니다.

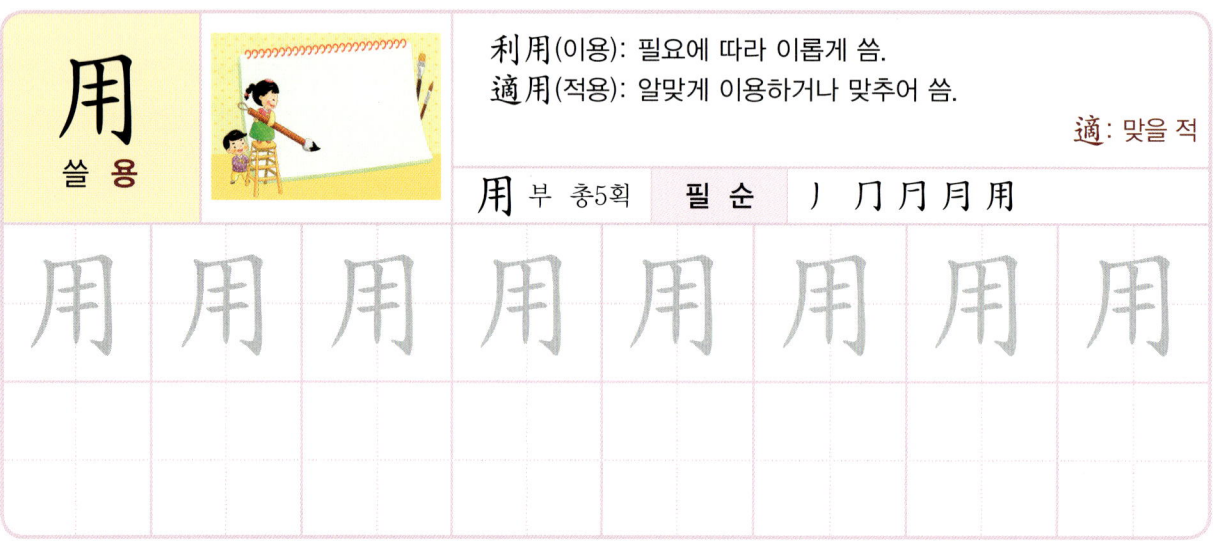

用 쓸 용
- 利用(이용): 필요에 따라 이롭게 씀.
- 適用(적용): 알맞게 이용하거나 맞추어 씀.

適: 맞을 적

用 부 총5획 　필 순　 丿 几 月 月 用

※ 'ㄹ'이 단어의 첫머리에 오면 'ㄴ'또는 'ㅇ'으로 발음됩니다. 利用: 리용(×), 이용(○)

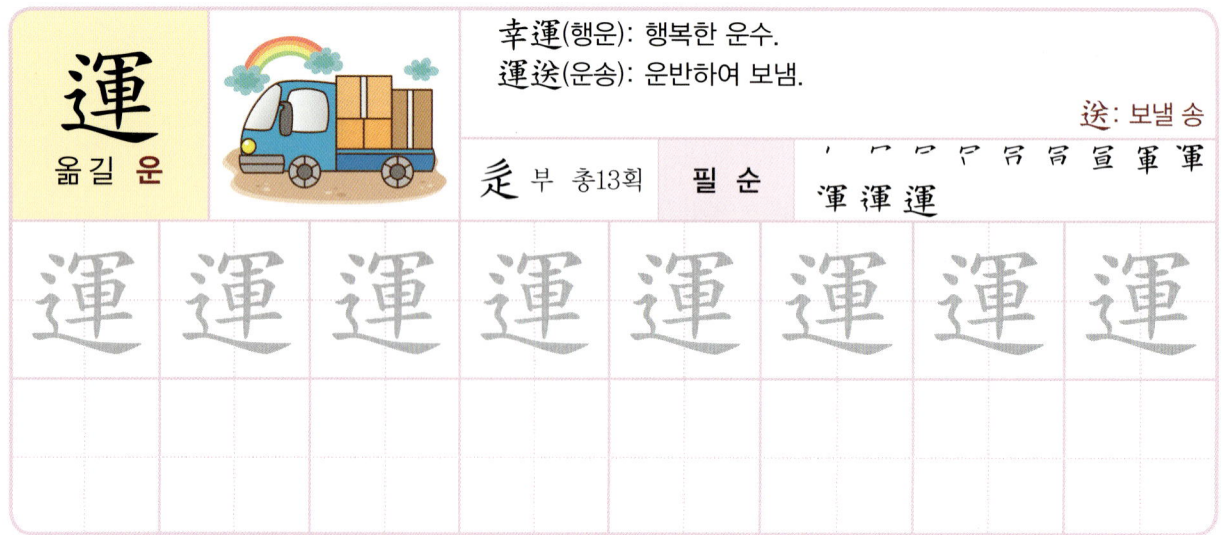

運 옮길 운
- 幸運(행운): 행복한 운수.
- 運送(운송): 운반하여 보냄.

送: 보낼 송

辶 부 총13획 　필 순　 ㄱ ㄱ 冖 ㄇ 冃 目 宣 軍 軍 渾 渾 運

※ 運은 '옮기다', '운수'의 뜻을 나타냅니다.

정답 : 183쪽

音 소리 음

高音(고음): 높은 소리.
音聲(음성): 사람의 목소리나 말소리.

聲: 소리 성

音 부 총9획 필 순 ｀ 亠 ㅗ 立 产 产 音 音 音

飮 마실 음

飮料(음료): 마실 거리. 물, 차, 술 따위와 같이 마시는 것.
飮食(음식): 먹는 것과 마시는 것.

料: 헤아릴/ 거리 료

食 부 총13획 필 순 ノ 人 ᄉ 乍 乍 乍 乍 食 食 食 飠 飮 飮

※ 거리: 내용이 될 만한 재료.

문제 1-3 다음 한자의 訓(훈: 뜻)과 音을 쓰세요.

<보기>　　　　天 → 하늘 천

❶ 勇(　　　　　　　　　)

❷ 飮(　　　　　　　　　)

❸ 運(　　　　　　　　　)

문제 4-5 다음 뜻에 맞는 漢字語를 <보기>에서 찾아 그 번호를 쓰세요.

<보기>　① 高音　② 利用　③ 生業

❹ 높은 소리.(　　　　　　　)

❺ 필요에 따라 이롭게 씀.(　　　　)

53일차

意 뜻 의
- 民意(민의): 국민의 뜻.
- 意義(의의): 말이나 글의 속뜻.
- 義: 옳을/ 뜻 의
- 心부 총13획
- 필순: 亠 立 产 产 音 音 音 音 意 意 意

作 지을 작
- 作品(작품): 만든 물품.
- 作文(작문): 글을 지음.
- 品: 물건 품
- 人부 총7획
- 필순: 丿 亻 亻 𠂉 竹 作 作

昨 어제 작
- 昨日(작일): 어제.
- 昨年(작년): 지난해.
- 日부 총9획
- 필순: 丨 冂 日 日 旷 昨 昨 昨

6급Ⅱ

정답 : 183쪽

		才能(재능): 재주와 능력.
才		秀才(수재): 머리가 좋고 재주가 뛰어난 사람.
재주 재		秀: 빼어날 수
	手 부 총3획 필 순	一 十 才

		戰時(전시): 전쟁이 벌어진 때.
戰		戰爭(전쟁): 무력으로 국가 간에 싸우는 일.
싸움 전		爭: 다툴 쟁
	戈 부 총16획 필 순	丶 丷 ㅁ 吅 吅 吅 單 單 單 單 戰 戰 戰

문제 1-3 다음 訓(훈: 뜻)과 音에 맞는 漢字를 〈보기〉에서 골라 그 번호를 쓰세요.

〈보기〉 ① 戰   ② 才   ③ 意

❶ 뜻 의 (   )

❷ 재주 재 (   )

❸ 싸움 전 (   )

문제 4-5 다음 밑줄 친 말에 해당하는 漢字를 〈보기〉에서 찾아 그 번호를 쓰세요.

〈보기〉 ① 作文   ② 食堂   ③ 昨年

❹ <u>작문</u> 실력이 좋다. (   )

❺ 올여름은 <u>작년</u> 여름보다 덥다.
(   )

54일차

庭 (뜰 정)

家庭(가정): 한 가족이 생활하는 집안.
庭園(정원): 집 안에 있는 뜰이나 꽃밭.

園: 동산 원

广 부 총10획 필순 `、 亠 广 广 庐 序 庄 庭 庭 庭`

第 (차례 제)

及第(급제): 과거에 합격함.
第一(제일): 여럿 가운데서 첫째가는 것.

及: 미칠 급

竹 부 총11획 필순 `丿 亠 𠂉 𥫗 𥫗 𥫗 𥫗 𥫗 第 第`

※ 第는 '차례', '과거'의 뜻을 나타냅니다.

題 (제목 제)

話題(화제): 이야기의 제목.
主題(주제): 주된 제목. 대화나 연구 따위에서 중심이 되는 문제.

頁 부 총18획 필순 `丨 口 曰 日 旦 早 早 昰 是 是 是 題 題 題 題 題 題`

6급 II

注 부을 주
- 注入(주입): 흘러 들어가도록 부어 넣음.
- 注油(주유): 자동차 따위에 기름을 넣음.
- 油: 기름 유
- 水 부 총8획
- 필 순: ㆍㆍ氵氵沪沪注注

集 모을 집
- 雲集(운집): 구름처럼 많이 모임. 많은 사람이 모여듦.
- 收集(수집): 거두어 모음.
- 雲: 구름 운, 收: 거둘 수
- 隹 부 총12획
- 필 순: ノ亻亻个个作隹隹隼集集

문제 1-3 다음 訓(훈: 뜻)과 音에 맞는 漢字를 〈보기〉에서 골라 그 번호를 쓰세요.

〈보기〉   ① 第   ② 注   ③ 集

❶ 차례 제(   )

❷ 모을 집(   )

❸ 부을 주(   )

문제 4-5 다음 밑줄 친 말에 해당하는 漢字를 〈보기〉에서 찾아 그 번호를 쓰세요.

〈보기〉   ① 戰時   ② 話題   ③ 家庭

❹ 단란한 <u>가정</u>을 꾸리다.(   )

❺ <u>화제</u>를 다른 곳으로 돌리다.
(   )

55일차

窓 (창 창)

窓門(창문): 벽에 만들어 놓은 작은 문.
學窓(학창): 배움의 창가. 공부하는 교실이나 학교.

穴 부 총11획 | 필순 | 丶丶宀宀宲宲宲宲窓窓窓

淸 (맑을 청)

淸潔(청결): 맑고 깨끗함.
淸明(청명): 날씨가 맑고 밝음.

潔: 깨끗할 결

水 부 총11획 | 필순 | 丶丶氵氵氵氵淸淸淸淸淸

體 (몸 체)

體重(체중): 몸무게.
身體(신체): 사람의 몸.

骨 부 총23획 | 필순 | 丨冂冋咼咼咼骨骨骨骨骨骨體體體體體體體體體體

6급 II

정답 : 183쪽

문제 1-3 다음 訓(훈: 뜻)과 音에 맞는 漢字를 〈보기〉에서 골라 그 번호를 쓰세요.

〈보기〉 ① 表 ② 淸 ③ 體

❶ 겉 표(   )

❷ 몸 체(   )

❸ 맑을 청(   )

문제 4-5 다음 밑줄 친 漢字語를 漢字로 쓰세요.

❹ <u>창문</u> 밖으로 빛이 새어나왔다.

(   )

❺ 겨울이 지나고 <u>동풍</u>이 불어오니 만물이 소생한다.(   )

56일차 월   일

幸 다행 **행**

幸運(행운): 좋은 운수.
幸福(행복): 복된 좋은 운수.

福: 복 복

干 부 총8획　필순　一 十 土 士 幸 幸 幸 幸

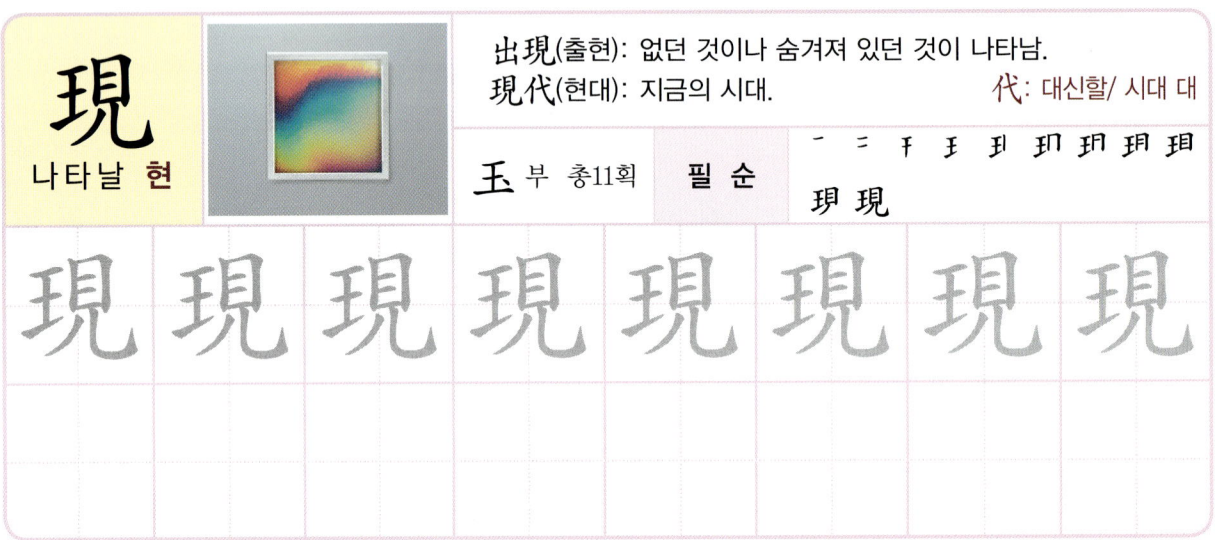

現 나타날 **현**

出現(출현): 없던 것이나 숨겨져 있던 것이 나타남.
現代(현대): 지금의 시대.

代: 대신할/ 시대 대

玉 부 총11획　필순　一 二 干 王 扫 玑 玥 珇 珇 現 現

※ 現은 '나타나다', '지금'의 뜻을 나타냅니다.

形 모양 **형**

圓形(원형): 둥근 모양.
形成(형성): 어떤 형상을 이룸.

圓: 둥글 원

彡 부 총7획　필순　一 二 干 开 开 形 形

6급Ⅱ

정답 : 183쪽

和 화할 화		不和(불화): 서로 사이좋게 지내지 못함. 溫和(온화): 날씨가 맑고 따뜻하며 바람이 부드러움. 溫: 따뜻할 온
		口 부 총8획 　필순　 ノ 二 千 禾 禾 和 和

和 和 和 和 和 和 和

※ 화하다: 서로 뜻이 맞아 사이좋은 상태가 되다.

會 모일 회		會議(회의): 여럿이 모여 의논함. 會食(회식): 여러 사람이 모여 함께 음식을 먹음.　議: 의논할 의
		日 부 총13획 　필순　 ノ 人 人 仌 仒 仐 佥 佥 侖 會 會 會

會 會 會 會 會 會 會 會

문제 1-3 다음 밑줄 친 漢字語의 讀音을 쓰세요.

❶ 幸運이 따르다. (　　　　)

❷ 오늘은 날씨가 溫和하다. (　　　　)

❸ 그들은 승리를 자축하는 會食을 열었다. (　　　　)

문제 4-5 다음 漢字의 진하게 표시한 획은 몇 번째 쓰이는지 〈보기〉에서 찾아 그 번호를 쓰세요.

〈보기〉	① 첫 번째　② 두 번째　③ 세 번째 ④ 네 번째　⑤ 다섯 번째　⑥ 여섯 번째 ⑦ 일곱 번째　⑧ 여덟 번째　⑨ 아홉 번째

❹ 形 (　　　　)

❺ 現 (　　　　)

57일차

바로바로 복습

52일차에서 56일차까지 학습한 내용을 복습합니다.

勇 날랠 용									
用 쓸 용									
運 옮길 운									
音 소리 음									
飮 마실 음									
意 뜻 의									
作 지을 작									
昨 어제 작									
才 재주 재									
戰 싸움 전									
庭 뜰 정									
第 차례 제									
題 제목 제									
注 부을 주									
集 모을 집									

窓 창 창										
清 맑을 청										
體 몸 체										
表 겉 표										
風 바람 풍										
幸 다행 행										
現 나타날 현										
形 모양 형										
和 화할 화										
會 모일 회										

 재미있게 읽는 고사성어

조삼모사(朝三暮四)

옛날에 원숭이를 좋아하여 많은 원숭이를 기르는 저공이라는 사람이 있었답니다. 그런데 많은 원숭이를 기르다 보니 먹이를 구하는 일이 쉽지 않았지요. 그래서 원숭이에게 나누어 줄 먹이를 줄이기로 하였어요.

저공은 원숭이들을 모아 놓고 이렇게 말했어요.

"이제부터는 도토리를 아침에 세 개, 저녁에 네 개 줄게."

그러자 원숭이들이 모두 화를 내었지요. 그러자 저공은 할 수 없다는 듯이 이번에는 이렇게 말했어요.

"그럼, 아침에 네 개, 저녁에 세 개를 줄게"

이에 원숭이들이 모두 좋아하였답니다. 도토리의 개수는 같은데 말이지요.

'조삼모사'는 '아침에 세 개, 저녁에 네 개'라는 뜻으로, '간사한 꾀를 써서 남을 속임'을 이르는 말입니다. 또한 눈앞에 보이는 차이만 알고 그 결과가 같은 것을 모르는 어리석음을 비유합니다.

朝	三	暮	四
아침조	석삼	저녁모	넉사

58일차

6級 II

한국어문회 전국한자능력검정시험 / 80문항 / 50분 시험

*성명과 수험번호를 쓰고 문제지와 답안지는 함께 제출하세요.

성명(_____). 수험번호 □□□-□□-□□□□

[問 1-32] 다음 밑줄 친 漢字語의 讀音을 쓰세요.

<보기>

漢字 → 한자

[1] 속담에는 <u>祖上</u>의 지혜가 담겨 있습니다.

[2] 시골 생활이 <u>安樂</u>합니다.

[3] <u>草家</u>를 찾아보기 힘듭니다.

[4] 도사가 조화를 부리는 술법을 <u>道術</u>이라고 합니다.

[5] <u>各自</u> 자기 위치에서 최선을 다합시다.

[6] 시장은 <u>秋夕</u>을 준비하는 사람들로 붐빕니다.

[7] 정직한 행동이 <u>世間</u>의 비난을 받아서는 안 됩니다.

[8] 레이저 <u>光線</u>은 무기로도 사용됩니다.

[9] <u>時代</u>에 따라 유행이 다릅니다.

[10] <u>百姓</u>은 나라의 근본입니다.

[11] 여러 기관에서 천재들을 <u>育成</u>합니다.

[12] 실력은 <u>不足</u>하지만 최선을 다하겠습니다.

[13] 사각형은 <u>直角</u>이 넷입니다.

[14] <u>空中</u>에 비행기들이 떠갑니다.

[15] <u>內科</u>에서 소화불량을 치료하는 약을 받았습니다.

[16] 하늘이 높고 푸른 가을날 <u>午後</u>입니다.

[17] 조간 <u>新聞</u>을 보고 하루를 시작합니다.

[18] 설계 <u>圖面</u>을 보고 집을 짓습니다.

[19] 식사를 안 해서 <u>氣運</u>이 없어 보입니다.

[20] 너무 많이 <u>所有</u>하는 것은 좋은 일이 아닙니다.

[21] 특종 <u>記事</u>가 실린 신문을 보았습니다.

[22] 옛날에는 <u>男子</u>와 여자가 입는 옷이 달랐습니다.

[23] 들판에서 <u>農夫</u>들이 부지런히 일합니다.

[24] <u>童話</u>책을 읽고 꿈을 키웁니다.

[25] 편지를 보내고 나니 <u>答信</u>이 왔습니다.

[26] 늦게 <u>出發</u>했지만 열심히 따라갔습니다.

[27] 공을 세워 이름을 떨치려는 마음을 <u>功名</u>심이라고 합니다.

[28] 덧셈과 뺄셈이 섞여있는 식은 차례로 <u>計算</u>합니다.

[29] 動作이 빠른 사람이 많은 일을 합니다.

[30] 다섯으로 等分하여 가졌습니다.

[31] 기대했던 신인이 登場했습니다.

[32] 物理는 공부하기 어려운 학문입니다.

[45] 立

[46] 春

[47] 飮

[48] 利

[49] 果

[50] 電

[51] 和

[52] 急

[53] 堂

[54] 幸

[55] 表

[56] 旗

[57] 洞

[58] 現

[59] 風

[60] 休

[61] 活

[問 33-61] 다음 漢字의 訓(훈: 뜻)과 음을 쓰세요.

<보기>

字 → 글자 자

[33] 庭
[34] 才
[35] 住
[36] 然
[37] 窓
[38] 藥
[39] 形
[40] 戰
[41] 勇
[42] 界
[43] 集
[44] 注

[問 62-63] 다음 중 뜻이 서로 반대(상대)되는 漢字끼리 연결되지 않은 것을 고르세요.

[62] ① 左 ↔ 右 ② 夏 ↔ 冬
    ③ 東 ↔ 西 ④ 半 ↔ 反

[63] ① 老 ↔ 少 ② 高 ↔ 下
    ③ 平 ↔ 便 ④ 長 ↔ 短

[問 64-65] 다음 ( ) 안에 알맞은 漢字를 〈보기〉에서 찾아 그 번호를 쓰세요.

〈보기〉

① 弟 ② 重 ③ 身 ④ 邑

[64] 정신과 ( )체가 모두 건강합니다.
[65] 형( )가 서로 도우며 삽니다.

[問 66-67] 다음 뜻에 맞는 漢字語를 〈보기〉에서 찾아 그 번호를 쓰세요.

〈보기〉

① 入口 ② 地球 ③ 昨今
④ 小室 ⑤ 神明 ⑥ 食前

[66] 어제와 오늘.
[67] 밥을 먹기 전.

[問 68-77] 다음 밑줄 친 漢字語를 漢字로 쓰세요.

[68] 먼 인척을 사돈의 팔촌이라고 합니다.
[69] 그는 만국의 평화를 위해 평생을 바쳤습니다.
[70] 영희는 초등학교 1학년입니다.
[71] 생일날 친구들을 초대했습니다.
[72] 교외활동으로 고아원에서 봉사합니다.
[73] 조상의 무덤이 있는 곳을 선산이라고 합니다.
[74] 북군이 남군을 이겼습니다.
[75] 수문을 설치하여 물의 양을 조절합니다.
[76] 얼굴이 아프리카 토인처럼 새까맣게 탔습니다.
[77] 부녀 사이가 정답습니다.

[問 78-80] 다음 漢字의 짙게 표시한 획은 몇 번째 쓰는 획인지 〈보기〉에서 찾아 그 번호를 쓰세요.

〈보기〉

① 첫 번째   ② 두 번째
③ 세 번째   ④ 네 번째
⑤ 다섯 번째   ⑥ 여섯 번째
⑦ 일곱 번째   ⑧ 여덟 번째
⑨ 아홉 번째   ⑩ 열 번째
⑪ 열한 번째   ⑫ 열두 번째

[78] 金
[79] 消
[80] 意

♣ 수고하셨습니다.

6급 급수한자 75자 미리보기

感	强	開	京	古	苦	交	區
느낄 감	강할 강	열 개	서울 경	예 고	쓸 고	사귈 교	구분할/지경 구

郡	根	近	級	多	待	度	頭
고을 군	뿌리 근	가까울 근	등급 급	많을 다	기다릴 대	법도 도/헤아릴 탁	머리 두

例	禮	路	綠	李	目	美	米
법식 례	예도 례	길 로	푸를 록	오얏/성 리	눈 목	아름다울 미	쌀 미

朴	番	別	病	服	本	使	死
성 박	차례 번	다를/나눌 별	병 병	옷 복	근본 본	하여금/부릴 사	죽을 사

席	石	速	孫	樹	習	勝	式
자리 석	돌 석	빠를 속	손자 손	나무 수	익힐 습	이길 승	법 식

失	愛	夜	野	陽	洋	言	英
잃을 실	사랑 애	밤 야	들 야	볕 양	큰바다 양	말씀 언	꽃부리 영

永	溫	園	遠	由	油	銀	醫
길 영	따뜻할 온	동산 원	멀 원	말미암을 유	기름 유	은 은	의원 의

衣	者	章	在	定	朝	族	晝
옷 의	놈 자	글 장	있을 재	정할 정	아침 조	겨레 족	낮 주

親	太	通	特	合	行	向	號
친할 친	클 태	통할 통	특별할 특	합할 합	다닐 행/항렬 항	향할 향	이름 호

畵	黃	訓
그림 화/그을 획	누를 황	가르칠 훈

59일차

월 일

感 느낄 감

體感(체감): 몸으로 어떤 감각을 느낌.
感動(감동): 크게 느끼어 마음이 움직임.

心 부 총13획 필순 ノ 厂 厂 厂 厂 咸 咸 咸 咸 感 感 感

強 강할 강

強力(강력): 힘이 강함.
強化(강화): 강하게 함.

弓 부 총11획 필순 ㄱ ㄱ 弓 弓' 弓" 弘 弘 強 強 強 強

開 열 개

開幕(개막): 막을 연다는 뜻으로, 연극이나 행사 따위를 시작함.
開放(개방): 문 등을 활짝 열어 놓음.   幕: 장막 막

門 부 총12획 필순 l ㄷ ㄸ 門 門 門 門 門 門 問 開 開

6급

정답 : 184쪽

京 서울 경

上京(상경): 시골에서 서울로 올라옴.
歸京(귀경): 서울로 돌아가거나 돌아옴.

二 부 총8획 필 순 丶 一 亠 亡 古 亨 亨 京

京 京 京 京 京 京 京 京

古 예 고

古代(고대): 옛 시대.
古今(고금): 예전과 지금.

口 부 총5획 필 순 一 十 十 古 古

古 古 古 古 古 古 古 古

문제 1-3 다음 한자의 訓과 音을 쓰세요.

<보기>　　　天 → 하늘 천

① 感(　　　　　　　　)
② 京(　　　　　　　　)
③ 開(　　　　　　　　)

문제 4-5 다음 漢字의 반대 또는 상대되는 글자를 골라 그 번호를 쓰세요.

④ 强: ① 用 ② 音 ③ 光 ④ 弱
　　(　　　　　　　　)

⑤ 古: ① 利 ② 今 ③ 明 ④ 分
　　(　　　　　　　　)

60일차

苦 쓸 고

苦樂(고락): 괴로움과 즐거움.
苦生(고생): 어렵고 고된 생활.

艹 부 총9획 | 필순 　丨 丄 丱 ⺿ 艹 苧 苦 苦

苦 苦 苦 苦 苦 苦 苦 苦

※ 苦는 '쓰다', '괴롭다'의 뜻을 나타냅니다.

交 사귈 교

交換(교환): 서로 바꿈.
交流(교류): 서로 섞이어 흐름.

換: 바꿀 환. 流: 흐를 류

亠 부 총6획 | 필순 　丶 亠 六 亣 交 交

交 交 交 交 交 交 交 交

區 구분할/지경 구

區別(구별): 성질이나 종류에 따라 갈라놓음.
區分(구분): 전체를 몇 개로 갈라 나눔.

別: 다를/ 나눌 별

匚 부 총11획 | 필순 　一 丆 丆 吊 吊 品 品 品 品 區

區 區 區 區 區 區 區 區

6급

정답 : 184쪽

郡 고을 군

郡民(군민): 그 군에 사는 사람.
郡內(군내): 고을의 안. 군의 안.

邑 부 총10획   필순   ㄱ ㄲ ㅋ 尹 尹 君 君 君' 郡 郡

郡 郡 郡 郡 郡 郡 郡 郡

※ 邑이 오른쪽에 위치할 때 모양이 'ß'로 바뀌기도 합니다.

根 뿌리 근

根本(근본): 초목의 뿌리. 사물의 본질이나 본바탕.
根幹(근간): 뿌리와 줄기. 사물의 바탕이나 중심이 되는 중요한 것.
幹: 줄기 간

木 부 총10획   필순   一 十 ㅓ 木 朳 朾 朾 栶 根 根

根 根 根 根 根 根 根 根

문제 1-3 다음 한자의 訓과 音을 쓰세요.

<보기> 天 → 하늘 천

① 交(   )

② 區(   )

③ 郡(   )

문제 4-5 다음 밑줄 친 漢字語의 讀音을 쓰세요.

④ <u>苦生</u>을 참고 견디면 좋은 날이 올 것이다.(   )

⑤ 부모에게 효도하는 것은 인의의 <u>根本</u>이다.(   )

월   일

近處(근처): 가까운 곳.
近海(근해): 육지에 가까이 있는 바다.

處: 곳 처

辵 부 총8획   필순   ′ ㄏ ㄏ 斤 斤 斤 近 近

近 가까울 근

上級(상급): 높은 등급.
同級(동급): 같은 등급.

糸 부 총10획   필순   ′ ㄠ ㄠ 幺 糸 糸 糽 紉 級 級

級 등급 급

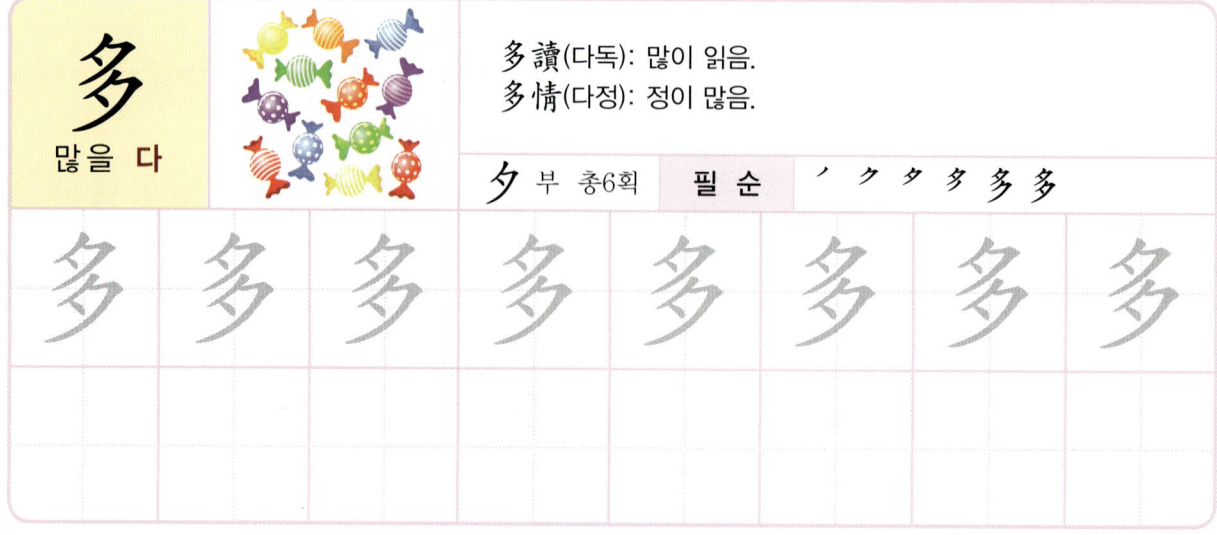

多讀(다독): 많이 읽음.
多情(다정): 정이 많음.

夕 부 총6획   필순   ′ ク 夕 多 多 多

多 많을 다

待 기다릴 대

待機(대기): 때나 기회를 기다림.
尊待(존대): 존경하여 받들어 대접하거나 대함.

機: 틀/ 때 기. 尊: 높을 존

彳 부 총9획 필순 ノ ク イ 彳 产 产 待 待 待

度 법도 도 / 헤아릴 탁

制度(제도): 제정된 법규.
法度(법도): 법률과 제도.

制: 절제할/ 법 제

广 부 총9획 필순 丶 亠 广 广 庐 庐 庐 庐 度

※ 度는 뜻에 따라 음이 다름에 유의하세요.

문제 1-3 다음 한자의 訓과 音을 쓰세요.

〈보기〉 天 → 하늘 천

❶ 近(   )

❷ 待(   )

❸ 多(   )

문제 4-5 다음 중 소리(음)는 같으나 뜻(訓)이 다른 漢字를 골라 그 번호를 쓰세요.

❹ 級: ① 急 ② 歌 ③ 前 ④ 時
(   )

❺ 度: ① 萬 ② 物 ③ 道 ④ 直
(   )

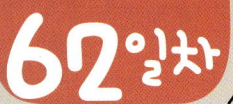

頭 머리 두

先頭(선두): 맨 앞.
頭痛(두통): 머리가 아픈 증세

痛: 아플 통

頁 부 총16획 필순 ｜ ｢ ｢ ｢ ｢ 豆 豆 豆 豆 豆 頭 頭 頭 頭 頭 頭 頭

例 법식 례

例示(예시): 예를 들어 보임.
事例(사례): 어떤 일이 전에 실제로 일어난 예.

示: 보일 시

人 부 총8획 필순 ノ 亻 亻 仂 仞 伤 例 例

※ 例는 '법식', '본보기', '예'의 뜻을 나타냅니다.
※ 'ㄹ'이 단어의 첫머리에 오면 'ㄴ'또는 'ㅇ'으로 발음됩니다. 例示: 례시(×), 예시(○)

禮 예도 례

婚禮(혼례): 혼인의 예절.
禮物(예물): 예의를 갖추기 위하여 보내는 물건.

婚: 혼인할 혼

示 부 총18획 필순 一 二 亍 示 示 示 示 衤 衤 禮 禮 禮 禮 禮 禮 禮 禮

※ 'ㄹ'이 단어의 첫머리에 오면 'ㄴ'또는 'ㅇ'으로 발음됩니다. 禮物: 례물(×), 예물(○)

6급

정답 : 184쪽

路 길 로		經路(경로): 지나는 길. 進路(진로): 앞으로 나아갈 길.		經: 지날 경. 進: 나아갈 진
		足 부 총13획	필 순	ノ 口 口 口 口 足 足 趵 趵 趵 趵 路 路

路 路 路 路 路 路 路

綠 푸를 록		常綠(상록): 언제나 푸름. 綠色(녹색): 초록색(파랑과 노랑의 중간색).		常: 떳떳할/ 항상 상
		糸 부 총14획	필 순	ㄴ ㄴ ㄠ ㄠ ㄠ 糸 糸 糽 紗 紵 紵 紵 綠 綠

綠 綠 綠 綠 綠 綠 綠

문제 1-3 다음 한자의 訓과 音을 쓰세요.

<보기>　　　天 → 하늘 천

❶ 例(　　　　　　　)

❷ 禮(　　　　　　　)

❸ 路(　　　　　　　)

문제 4-5 다음 밑줄 친 漢字語의 讀音을 쓰세요.

❹ 아이는 <u>綠色</u> 물감으로 나뭇잎을 색칠하였다.(　　　　　　)

❺ 우리나라 선수가 결승 지점이 가까워지자 <u>先頭</u>로 나섰다.(　　)

6급 따라쓰기 147

※ 오얏: 자두의 옛말
※ 'ㄹ'이 단어의 첫머리에 오면 'ㄴ' 또는 'ㅇ'으로 발음됩니다. 李花: 리화(×), 이화(○)

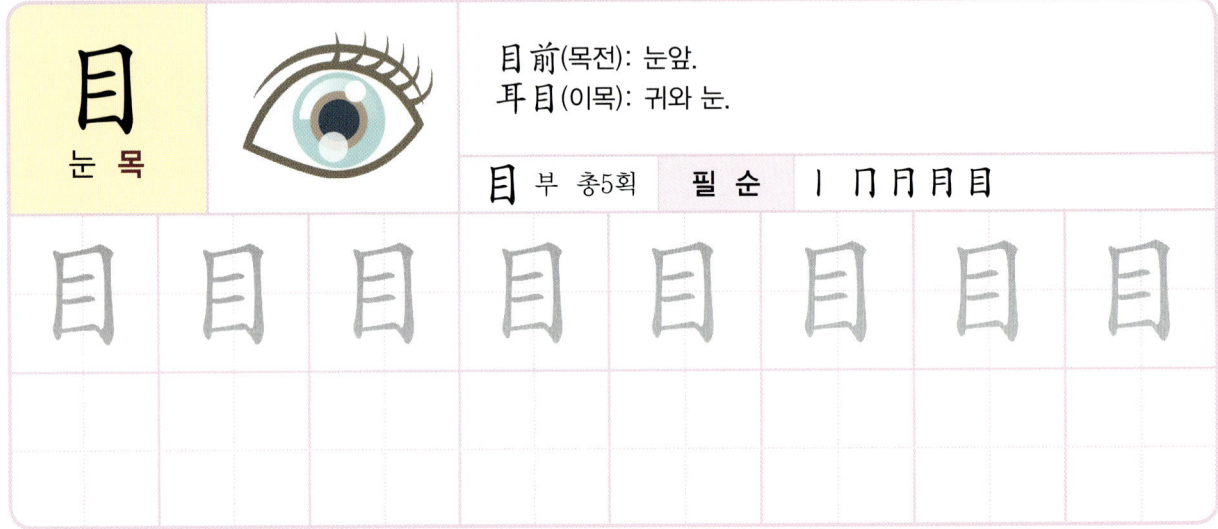

※ 모양이 비슷한 한자에 유의하세요. 日: 날 일. 月: 달 월

정답 : 184쪽

米 쌀 미		白米(백미): 흰쌀. 米穀(미곡): 쌀. 쌀을 비롯한 갖가지 곡식. 穀: 곡식 곡
		米 부 총6획　필 순　丶 丷 二 半 米 米

米 米 米 米 米 米 米 米

朴 성 박		朴赫居世(박혁거세): 신라의 시조. 朴趾源(박지원): 조선 시대의 문장가. 『열하일기』를 저술함.
		木 부 총6획　필 순　一 十 オ 木 朴 朴

朴 朴 朴 朴 朴 朴 朴 朴

문제 1-3 다음 한자의 訓과 音을 쓰세요.

〈보기〉　　　　天 → 하늘 천

❶ 朴(　　　　　　　　　　)

❷ 美(　　　　　　　　　　)

❸ 李(　　　　　　　　　　)

문제 4-5 다음 밑줄 친 漢字語의 漢字를 쓰세요.

❹ 사람들의 이목을 집중시키다.

(　　　　　　　　　　)

❺ 우리 집은 흑미와 백미를 섞어서 밥을 짓는다. (　　　　　　　　　　)

바로바로 복습

59일차에서 63일차까지 학습한 내용을 복습합니다.

感 느낄 감										
強 강할 강										
開 열 개										
京 서울 경										
古 예 고										
苦 쓸 고										
交 사귈 교										
區 구분할/지경 구										
郡 고을 군										
根 뿌리 근										
近 가까울 근										
級 등급 급										
多 많을 다										
待 기다릴 대										
度 법도 도/헤아릴 탁										

頭 머리 두								
例 법식 례								
禮 예도 례								
路 길 로								
綠 푸를 록								
李 오얏/성 리								
目 눈 목								
美 아름다울 미								
米 쌀 미								
朴 성 박								

 재미있게 읽는 고사성어

백미(白眉)

　삼국지에 나오는 인물 중에 마량이라는 사람이 있었어요. 마량은 제갈량과 의형제를 맺은 사이로 덕성과 지략이 뛰어났어요. 예를 들면, 남방의 포악한 오랑캐의 무리를 말로 설득하여 복종하게 만들 정도였지요.
　마량은 특이하게도 태어날 때부터 눈썹에 흰 털이 많아서 '백미'라는 별명으로 불렸어요. 마량의 형제는 다섯이었는데, 오형제가 모두 뛰어난 재주를 가지고 있었어요. 그 중에서도 맏이인 마량이 가장 뛰어나 사람들이 '백미가 가장 뛰어나다'며 칭송하였지요. 이로부터 '백미'는 가장 뛰어난 사람을 가리키는 말로 사용되었답니다.

白　眉
흰 백　눈썹 미

'백미'는 '흰 눈썹'이라는 뜻으로, '여럿 가운데에서 가장 뛰어난 사람이나 물건'을 이르는 말입니다.

65일차

番 차례 **번**

番號(번호): 차례를 나타내는 호수.
單番(단번): 한차례.

號: 이름/ 부를 호, 單: 홑 단

田 부 총12획 | 필순 | ノ ヽ 二 三 平 平 采 采 番 番 番 番

別 다를/ 나눌 **별**

特別(특별): 보통과 다름.
區別(구별): 성질이나 종류에 따라 갈라놓음.

刀 부 총7획 | 필순 | ヽ 冂 ㅁ 另 另 別 別

病 병 **병**

發病(발병): 병이 남.
疾病(질병): 몸의 온갖 병.

疾: 병 질

疒 부 총10획 | 필순 | ヽ 亠 广 疒 疒 疒 疒 病 病 病

服 옷 복		衣服(의복): 옷. 韓服(한복): 우리나라의 고유한 옷.					
		月 부 총8획	필 순	ノ 丿 月 月 月 盯 肝 服 服			
服	服	服	服	服	服	服	服

本 근본 본		本質(본질): 근본적인 성질. 根本(근본): 초목의 뿌리. 사물의 본질이나 본바탕. 質: 바탕 질					
		木 부 총5획	필 순	一 十 才 木 本			
本	本	本	本	本	本	本	本

※ 모양이 비슷한 한자에 유의하세요. 木: 나무 목

문제 1-3 다음 한자의 訓과 音을 쓰세요.

〈보기〉　　　天 → 하늘 천

❶ 番(　　　　　　　　　)

❷ 本(　　　　　　　　　)

❸ 服(　　　　　　　　　)

문제 4-5 다음 뜻에 맞는 한자어를 〈보기〉에서 찾아 그 번호를 쓰세요.

〈보기〉　① 特別　② 美女　③ 衣服
　　　　④ 目前　⑤ 發病　⑥ 禮物

❹ 병이 남.(　　　　　　　　　)

❺ 보통과 다름.(　　　　　　　　)

66일차

使 하여금/ 부릴 **사**		使役(사역): 사람을 부리어 일을 시킴. 使用(사용): 물건을 씀. 사람을 부리어 씀. 役: 부릴 역
		人 부 총8획 **필 순** ノ 亻 亻 仁 仨 伊 使

死 죽을 **사**		生死(생사): 삶과 죽음. 死守(사수): 죽음을 무릅쓰고 지킴.
		歹 부 총6획 **필 순** 一 ア ダ 歹 死 死

席 자리 **석**		座席(좌석): 앉는 자리. 出席(출석): 어떤 자리에 나아가 참석함. 座: 자리 좌
		巾 부 총10획 **필 순** 丶 亠 广 广 庐 庐 庐 庐 席 席

6급

정답 : 184쪽

石 돌 석	石塔(석탑): 돌로 쌓은 탑. 石器(석기): 돌로 만든 기구. 塔: 탑 탑. 器: 그릇 기

石 부 총5획 필순 一 ア 丆 石 石

※ 모양이 비슷한 한자에 유의하세요. 右: 오른 우

速 빠를 속	急速(급속): 급하고 빠름. 速成(속성): 빨리 이루어짐.

辶 부 총11획 필순 一 一 一 一 一 声 束 束 涑 涑 速 速

문제 1-3 다음 한자의 訓과 音을 쓰세요.

〈보기〉   天 → 하늘 천

❶ 席 (   )

❷ 石 (   )

❸ 使 (   )

문제 4-5 다음 (   ) 안에 알맞은 漢字를 〈보기〉에서 찾아 그 번호를 쓰세요.

〈보기〉	① 番 ② 別 ③ 速 ④ 服 ⑤ 死 ⑥ 本

❹ 生(   ) : 삶과 죽음.

❺ (   )成 : 빨리 이루어짐.

67일차

孫 (손자 손)

- 子孫(자손): 자식과 손자.
- 後孫(후손): 이후에 태어나는 자손들.

子 부 총10획 | 필순: ⺍ 了 子 孑 孒 孫 孫 孫 孫 孫

樹 (나무 수)

- 植樹(식수): 나무를 심음.
- 樹木(수목): 살아 있는 나무.

木 부 총16획 | 필순: 一 十 才 木 木 杧 柑 梏 梏 梏 樁 樁 樁 樹 樹

習 (익힐 습)

- 學習(학습): 배워서 익힘.
- 自習(자습): 스스로 배워서 익힘.

羽 부 총11획 | 필순: ⺂ ⺂ ⺂ 沟 䎃 羽 羽 習 習 習 習

勝 이길 승		大勝(대승): 크게 이김. 勝敗(승패): 승리와 패배.		敗: 패할 패
		力 부 총12획	필순	ノ 丿 月 月 月` 月` 胖 胖 朕 勝 勝

式 법 식		格式(격식): 격에 어울리는 법식. 方式(방식): 일정한 방법이나 형식.		格: 격식 격
		弋 부 총6획	필순	一 二 丁 干 式 式

문제 1-3 다음 한자의 訓과 音을 쓰세요.

〈보기〉　　　天 → 하늘 천

① 樹 (　　　　　　　)

② 勝 (　　　　　　　)

③ 式 (　　　　　　　)

문제 4-5 다음 밑줄 친 漢字語의 讀音을 쓰세요.

④ 겨울방학 동안 컴퓨터를 學習하였습니다. (　　　　　)

⑤ 그 할아버지의 子孫들은 모두 성공하였습니다. (　　　　　)

월   일

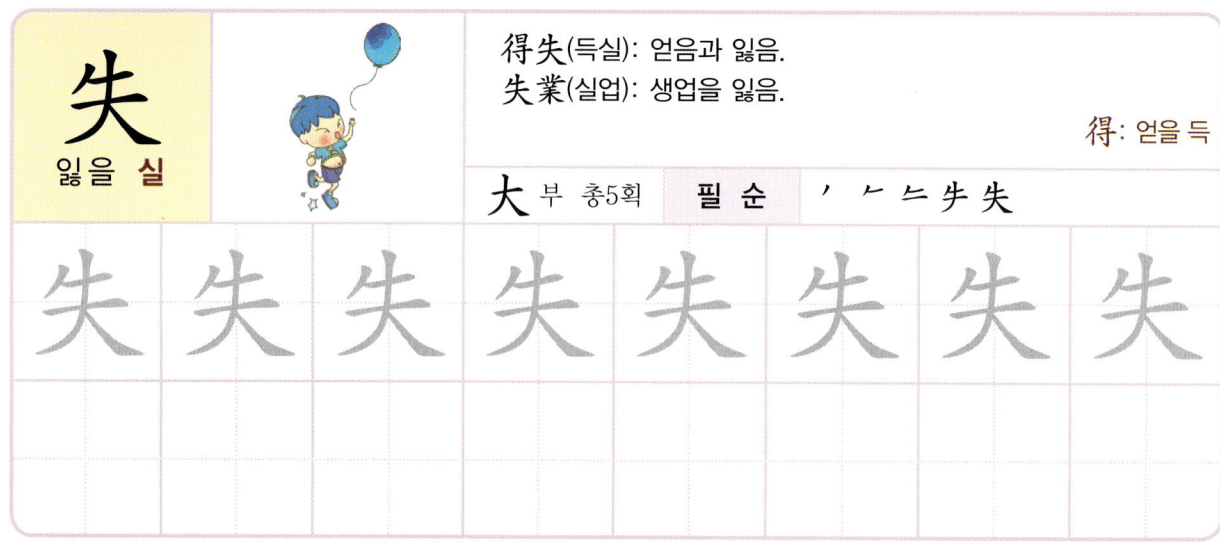

失 잃을 실

得失(득실): 얻음과 잃음.
失業(실업): 생업을 잃음.

得: 얻을 득

大 부 총5획   필 순   ノ ト 느 失 失

※ 모양이 비슷한 한자에 유의하세요. 夫: 지아비 부

愛 사랑 애

愛好(애호): 사랑하고 좋아함.
愛國(애국): 자기 나라를 사랑함.

好: 좋을 호

心 부 총13획   필 순

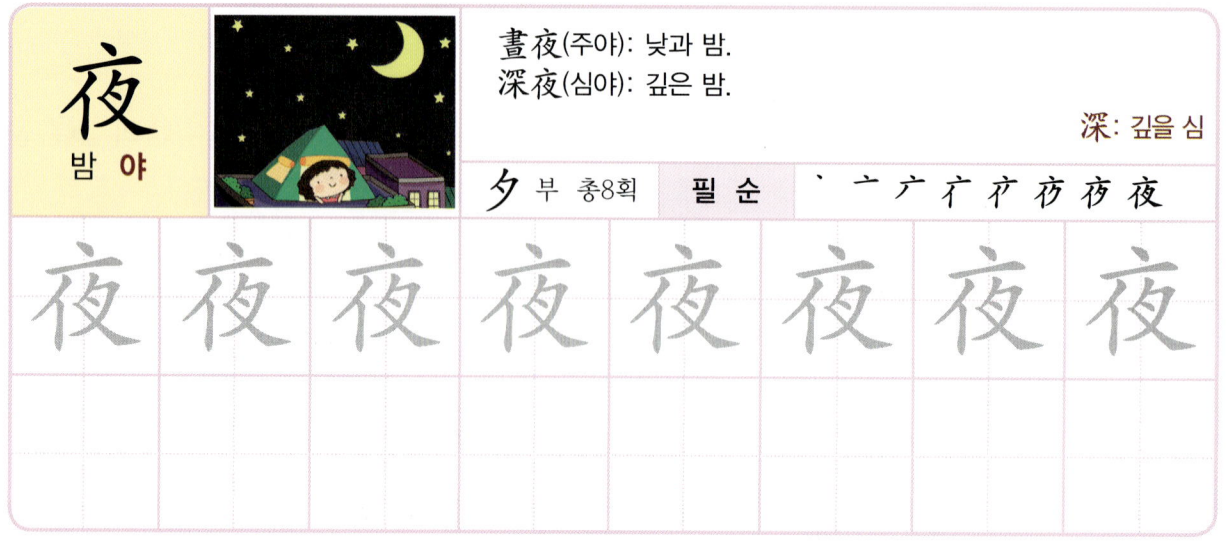

夜 밤 야

晝夜(주야): 낮과 밤.
深夜(심야): 깊은 밤.

深: 깊을 심

夕 부 총8획   필 순

정답 : 184쪽

野 들 야		平野(평야): 평평하고 너른 들. 野菜(야채): 들에서 자라나는 나물. 菜: 나물 채
		里 부 총11획 필 순 ㅣ 口 曰 日 旦 甲 里 野 野 野 野

野 野 野 野 野 野 野 野

陽 볕 양		夕陽(석양): 저녁때의 햇빛. 陽地(양지): 볕이 바로 드는 곳.
		阜 부 총12획 필 순 ㇀ ㇀ ㇀ ㇀ ㇀ ㇀ ㇀ 陽 陽 陽

陽 陽 陽 陽 陽 陽 陽 陽

※ 阜가 왼쪽에 위치할 때 모양이 'ß'로 바뀝니다.

문제 1-3 다음 한자의 訓과 音을 쓰세요.

〈보기〉   天 → 하늘 천

❶ 失 (   )

❷ 愛 (   )

❸ 夜 (   )

문제 4-5 다음 밑줄 친 漢字語의 讀音을 쓰세요.

❹ 구름이 <u>夕陽</u>을 받아 붉게 물들었다. (   )

❺ 예로부터 강 하류에는 기름진 <u>平野</u>가 발달하였다. (   )

69일차

洋 (큰바다 양)

- 海洋(해양): 넓고 큰 바다.
- 大洋(대양): 세계의 해양 중 특히 넓고 큰 바다. 태평양, 인도양, 대서양, 북빙양, 남빙양을 오대양이라고 한다.

水부 총9획 / 필순: 丶丶氵氵氵浐浐洋洋

言 (말씀 언)

- 言行(언행): 말과 행동.
- 發言(발언): 말을 꺼내어 의견을 나타냄.

言부 총7획 / 필순: 丶亠亍言言言言

英 (꽃부리 영)

- 英才(영재): 뛰어난 재주.
- 英雄(영웅): 지혜와 용기가 뛰어나 보통 사람이 하기 어려운 일을 해내는 사람. 雄: 수컷/ 뛰어날 웅

艹부 총9획 / 필순: 一十艹艹艹苎英英

※ 英은 '꽃부리', '뛰어나다'의 뜻을 나타냅니다.
※ 꽃부리: 꽃잎 전체를 이르는 말.

6급

| 永 길 영 | 永遠(영원): 길고 오랜 세월.
永久(영구): 길고 오랜 시간.
久: 오랠 구
水 부 총5획 　필 순　 ` ㇉ ㇒ 永 永 |

永 永 永 永 永 永 永 永

※ 모양이 비슷한 한자에 유의하세요. 水: 물 수

| 溫 따뜻할 온 | 溫水(온수): 따뜻한 물.
溫暖(온난): 날씨가 따뜻함.
暖: 따뜻할 난
水 부 총13획 　필 순　 ` ㇀ ㇒ 氵 沪 沪 沪 渭 渭 渭 溫 溫 |

溫 溫 溫 溫 溫 溫 溫 溫

문제 1-3 다음 한자의 訓과 音을 쓰세요.

〈보기〉　　　天 → 하늘 천

❶ 言(　　　　　　)

❷ 英(　　　　　　)

❸ 溫(　　　　　　)

문제 4-5 다음 중 소리(音)는 같으나 뜻(訓)이 다른 漢字를 골라 그 번호를 쓰세요.

❹ 洋 : ① 敎　② 陽　③ 男　④ 場
(　　　　　　)

❺ 永 : ① 長　② 後　③ 室　④ 英
(　　　　　　)

70일차

바로바로 복습

65일차에서 69일차까지 학습한 내용을 복습합니다.

한자	훈음
番	차례 번
別	다를/나눌 별
病	병 병
服	옷 복
本	근본 본
使	하여금/부릴 사
死	죽을 사
席	자리 석
石	돌 석
速	빠를 속
孫	손자 손
樹	나무 수
習	익힐 습
勝	이길 승
式	법 식

失 잃을 실										
愛 사랑 애										
夜 밤 야										
野 들 야										
陽 볕 양										
洋 큰바다 양										
言 말씀 언										
英 꽃부리 영										
永 길 영										
溫 따뜻할 온										

 재미있게 읽는 고사성어

수주대토(守株待兔)

옛날에 한 농부가 있었어요. 하루는 밭을 갈고 있는데, 숲에서 갑자기 토끼 한 마리가 나왔어요. 토끼는 밭 사이를 이리저리 뛰어다니다가 밭 가운데 있는 그루터기에 머리를 부딪쳐 목이 부러져 그만 죽고 말았지요. 그것을 본 농부는 토끼가 또 그렇게 뛰어다니다가 죽을 줄 알고, 일은 하지 않은 채 그루터기만 지켜보고 있었어요. 그러나 토끼는 다시 나타나지 않았어요. 이로 인해 농부는 사람들의 웃음거리만 되고 말았답니다.

守 株 待 兔
지킬 수 그루터기 주 기다릴 대 토끼 토

'수주대토'는 '그루터기를 지키며 토끼를 기다린다.'는 뜻으로, '한 가지 일에만 얽매여 융통성이 없는 어리석은 사람'을 비유적으로 이르는 말입니다.

71일차

園 (동산 원)
- 花園(화원): 꽃을 심은 동산.
- 庭園(정원): 집 안에 있는 뜰.
- 口 부 총13획
- 필순: 丨 冂 冂 冂 門 周 周 周 周 園 園 園 園

遠 (멀 원)
- 遠近(원근): 멀고 가까움.
- 遠洋(원양): 뭍에서 멀리 떨어진 큰 바다.
- 辶 부 총14획
- 필순: 一 十 土 耂 吉 吉 声 声 袁 袁 遠 遠 遠 遠

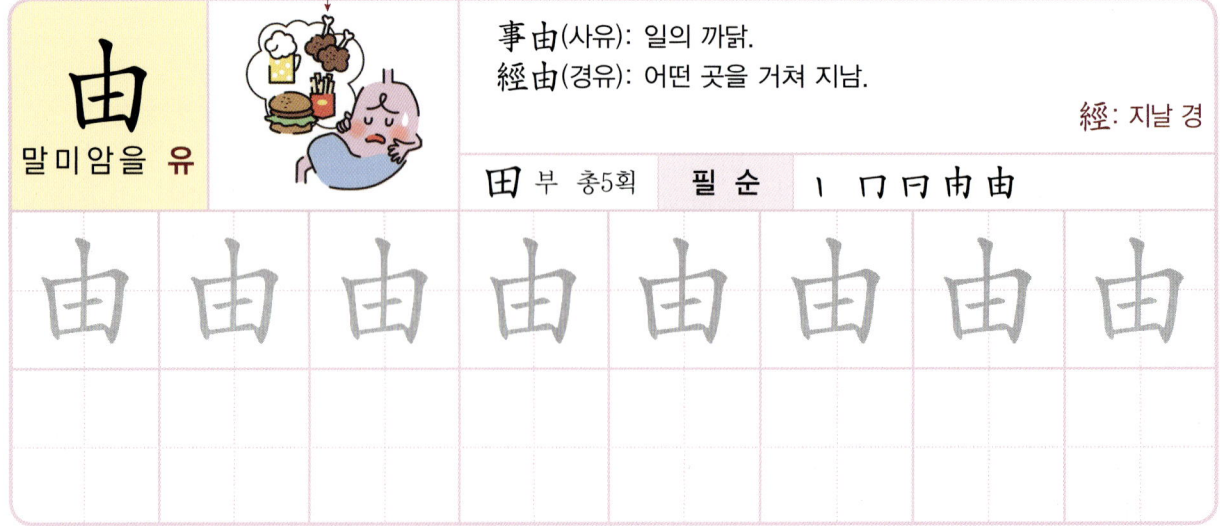

由 (말미암을 유)

(과식으로 말미암아 배가 아픕니다.)

- 事由(사유): 일의 까닭.
- 經由(경유): 어떤 곳을 거쳐 지남.
- 經: 지날 경
- 田 부 총5획
- 필순: 丨 冂 曰 由 由

※ 말미암다: 원인이나 이유가 되다. 일정한 곳을 거쳐 오다.

6급

정답 : 184쪽

油 기름 유

注油(주유): 기름을 넣음.
油畫(유화): 서양화에서, 물감을 기름에 개어 그리는 그림.

水부 총8획 필순 丶丶氵氵氵沪沪油油

銀 은 은

金銀(금은): 금과 은.
水銀(수은): 상온에서 유일하게 액체 상태로 있는 은백색의 금속 원소.

金부 총14획 필순 ノ ㇒ ㇏ ⺇ 牟 余 金 金 釘 釘 鈤 鈤 銀

문제 1-3 다음 한자의 訓과 音을 쓰세요.

〈보기〉   天 → 하늘 천

❶ 由(   )

❷ 油(   )

❸ 銀(   )

문제 4-5 다음 짙게 표시한 획은 몇 번째 쓰는 획인지 〈보기〉에서 찾아 그 번호를 쓰세요.

〈보기〉
① 첫 번째   ② 두 번째   ③ 세 번째
④ 네 번째   ⑤ 다섯 번째 ⑥ 여섯 번째
⑦ 일곱 번째 ⑧ 여덟 번째 ⑨ 아홉 번째

❹ 園(   )

❺ 遠(   )

72일차

월 일

醫 의원 의
- 醫術(의술): 병을 고치는 기술.
- 名醫(명의): 병을 잘 고쳐 이름난 의원이나 의사.

酉 부 총18획 필순

衣 옷 의
- 衣服(의복): 옷.
- 脫衣(탈의): 옷을 벗음.

脫: 벗을 탈

衣 부 총6획 필순

者 놈 자
- 記者(기자): 기사를 취재하여 쓰거나 편집하는 사람.
- 讀者(독자): 책, 신문, 잡지 따위의 글을 읽는 사람.

老 부 총9획 필순

※ 놈: '사람'의 옛말.
※ 老가 부수로 쓰일 때 모양이 '耂'로 바뀝니다.

6급

정답: 184쪽

章 글 장

文章(문장): 생각·느낌·사상 등을 글로 표현한 것.
圖章(도장): 개인, 단체 따위의 이름을 새겨 문서에 찍도록 만든 물건.

立 부 총11획 / 필 순: 丶 亠 立 产 产 产 音 音 章

在 있을 재

(땅에 싹이 난 데서, '있다'는 뜻을 나타냄)

存在(존재): 현실에 실제로 있음.
在位(재위): 임금의 자리에 있음.

位: 자리 위

土 부 총6획 / 필 순: 一 ナ 才 左 在 在

※ 모양이 비슷한 한자에 유의하세요. 左: 왼 좌

문제 1-3 다음 한자의 訓과 音을 쓰세요.

<보기>　　　天 → 하늘 천

❶ 者 (　　　　　)
❷ 在 (　　　　　)
❸ 醫 (　　　　　)

문제 4-5 다음 漢字와 뜻이 비슷한 漢字를 골라 그 번호를 쓰세요.

❹ 衣: ①服 ②間 ③氣 ④動
(　　　　　)

❺ 章: ①面 ②部 ③文 ④雪
(　　　　　)

定 정할 정		選定(선정): 여럿 가운데서 뽑아 정함. 改定(개정): 이미 정하였던 것을 고쳐 다시 정함. 選: 가릴 선. 改: 고칠 개
	宀 부 총8획	필순 ` 宀 宀 宁 宇 定定

朝 아침 조		朝食(조식): 아침밥. 朝夕(조석): 아침과 저녁.
	月 부 총12획	필순 一 十 十 古 古 吉 亘 車 朝 朝 朝 朝

族 겨레 족		同族(동족): 같은 겨레. 王族(왕족): 임금의 일가.
	方 부 총11획	필순 ` 亠 方 方 方 扩 扩 斻 族 族

6급

정답 : 184쪽

晝夜(주야): 낮과 밤.
晝間(주간): 낮 동안.

日 부 총11획 | 필 순 | ㄱ ㅋ ㅋ ㅋ 圭 聿 聿 書 書 書 畫

※ 모양이 비슷한 한자에 유의하세요. 書: 글 서

親友(친우): 친한 벗.
父親(부친): 아버지.

見 부 총16획 | 필 순 | ` 亠 亠 立 호 产 亲 亲 亲 釆 新 新 新 親 親

※ 親은 '친하다', '어버이'의 뜻을 나타냅니다.

문제 1-3 다음 한자의 訓과 音을 쓰세요.

〈보기〉 天 → 하늘 천

❶ 族 ( )
❷ 定 ( )
❸ 親 ( )

문제 4-5 다음 漢字의 반대 또는 상대되는 글자를 골라 그 번호를 쓰세요.

❹ 朝: ① 夕 ② 反 ③ 新 ④ 語
(   )

❺ 晝: ① 食 ② 夜 ③ 作 ④ 村
(   )

6급 따라쓰기 169

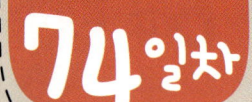

월   일

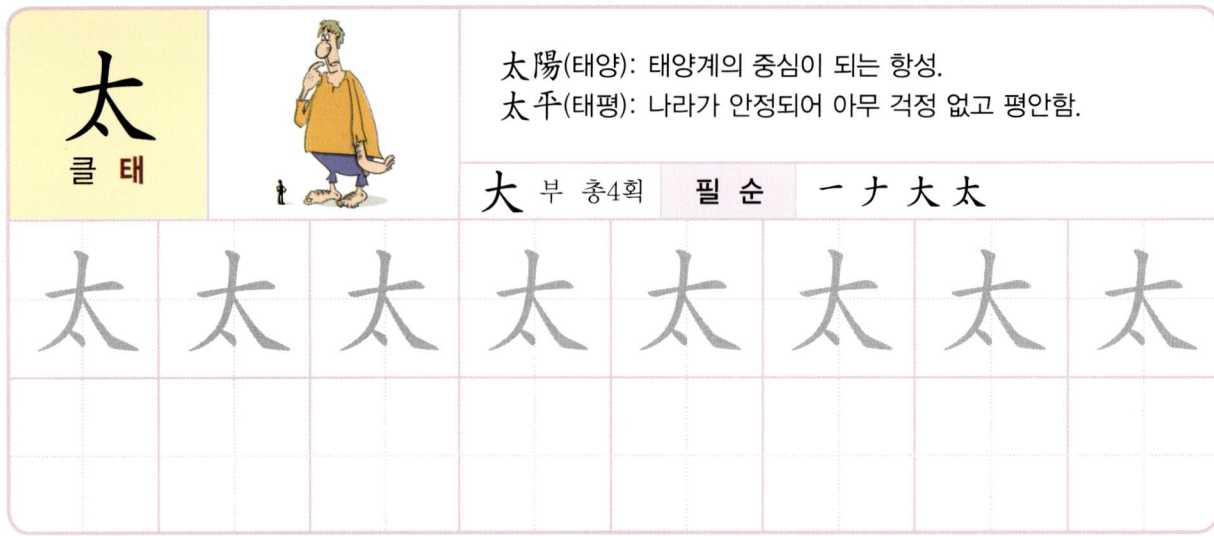

太陽(태양): 태양계의 중심이 되는 항성.
太平(태평): 나라가 안정되어 아무 걱정 없고 평안함.

※ 모양이 비슷한 한자에 유의하세요. 大: 큰 대

貫通(관통): 꿰뚫어서 통함.
通路(통로): 통하여 다니는 길.   貫: 꿸 관

特別(특별): 보통과 다름.
特性(특성): 특수한 성질.

6급

정답 : 184쪽

合 합할 합

合成(합성): 합쳐서 하나를 이룸.
集合(집합): 한곳으로 모으거나 모임.

口 부 총6획 필순 ノ 人 ᐱ 今 合 合

合 合 合 合 合 合 合 合

行 다닐 행 / 항렬 항

飛行(비행): 공중으로 날아서 감.
行進(행진): 줄을 지어 앞으로 나아감.

飛: 날 비

行 부 총6획 필순 ノ ク イ 彳 行 行

行 行 行 行 行 行 行 行

※ 行은 뜻에 따라 음이 다름에 유의하세요.

문제 1-3 다음 한자의 訓과 音을 쓰세요.

〈보기〉　　　天 → 하늘 천

❶ 合 (　　　　　　　)

❷ 行 (　　　　　　　)

❸ 太 (　　　　　　　)

문제 4-5 다음 ( ) 안에 알맞은 漢字를 〈보기〉에서 찾아 그 번호를 쓰세요.

〈보기〉　① 特　② 定　③ 族
　　　　④ 者　⑤ 通　⑥ 在

❹ (　　)性: 특수한 성질.

❺ (　　)路: 통하여 다니는 길.

75일차

向 (향할 향)

- 上向(상향): 위쪽을 향함.
- 南向(남향): 남쪽으로 향함.

口 부 총6획 | 필순: ノ ィ 冂 冋 向 向

號 (이름 호)

- 國號(국호): 나라 이름.
- 稱號(칭호): 어떠한 뜻으로 일컫는 이름. 　稱: 일컬을 칭.

虍 부 총13획 | 필순: 丶 口 口 口 号 号 号' 号虎 号虎 号虎 号虎 號

畫 (그림 화 / 그을 획)

- 書畫(서화): 글씨와 그림.
- 壁畫(벽화): 건물이나 무덤 따위의 벽에 그린 그림. 　壁: 벽 벽.

田 부 총12획 | 필순: 一 コ ヨ 聿 聿 圭 書 畫 畫 畫 畫 畫

※ 모양이 비슷한 한자에 유의하세요. 書: 글 서. 晝: 낮 주
※ 畫는 뜻에 따라 음이 다름에 유의하세요.

6급

정답 : 184쪽

黃 누를 황		黃色(황색): 누런색. 黃金(황금): 누런빛의 금. 금을 다른 금속과 구별하여 이르는 말.
		黃 부 총12획 　필순　 一 十 廾 丑 丑 苎 苎 苧 苗 黃 黃

訓 가르칠 훈		敎訓(교훈): 행동이나 생활에 지침이 될 만한 가르침. 家訓(가훈): 집안 어른이 그 자손들에게 주는 가르침.
		言 부 총10획 　필순　 ` 亠 亍 言 言 言 訓 訓 訓

문제 1-3 다음 한자의 訓과 音을 쓰세요.

〈보기〉　　天 → 하늘 천

❶ 訓(　　　　　　　　　)

❷ 向(　　　　　　　　　)

❸ 號(　　　　　　　　　)

문제 4-5 다음 漢字의 짙게 표시한 획은 몇 번째 쓰는 획인지 〈보기〉에서 찾아 그 번호를 쓰세요.

〈보기〉	① 첫 번째　② 두 번째　③ 세 번째 ④ 네 번째　⑤ 다섯 번째　⑥ 여섯 번째 ⑦ 일곱 번째　⑧ 여덟 번째　⑨ 아홉 번째

❹ 黃(　　　　　　　　　)

❺ 畫(　　　　　　　　　)

6급 따라쓰기 173

76일차

바로바로 복습

71일차에서 75일차까지 학습한 내용을 복습합니다.

園 동산 원										

遠 멀 원										

由 말미암을 유										

油 기름 유										

銀 은 은										

醫 의원 의										

衣 옷 의										

者 놈 자										

章 글 장										

在 있을 재										

定 정할 정										

朝 아침 조										

族 겨레 족										

晝 낮 주										

親 친할 친										

太 클 태									
通 통할 통									
特 특별할 특									
合 합할 합									
行 다닐 행/ 항렬 항									
向 향할 향									
號 이름 호									
畫 그림 화/ 그을 획									
黃 누를 황									
訓 가르칠 훈									

재미있게 읽는 고사성어

각주구검(刻舟求劍)

옛날에 어떤 사람이 양자강을 건너기 위하여 배를 탔어요. 그는 매우 소중히 여기는 칼을 한 자루 들고 있었어요. 배가 강 한복판에 도달했을 무렵 배가 파도에 크게 흔들리자 그만 쥐고 있던 칼을 강물에 떨어뜨리고 말았지요. 놀란 그는 급히 주머니에서 단도를 꺼내어 칼을 떨어뜨린 곳의 뱃전에 칼자국을 내어 표시를 해 놓았어요. 배가 움직인다는 것은 생각하지 않고 칼을 떨어뜨린 곳에 표시를 한 것이지요. 이윽고 배가 나루터에 닿자 그는 표시를 한 뱃전 밑 물속으로 뛰어들었어요. 그렇지만 칼을 떨어뜨린 장소에서 한참이나 멀리 와 버렸으니 그곳에 칼이 있을 리 없었어요.

刻	舟	求	劍
새길 각	배 주	찾을 구	칼 검

'각주구검'은 '뱃전에 표시했다가 나중에 칼을 찾으려 한다.'는 뜻으로, '어리석고 미련하여 융통성이 없음'을 이르는 말입니다.

77일차

6級

한국어문회 전국한자능력검정시험 / 90문항 / 50분 시험

*성명과 수험번호를 쓰고 문제지와 답안지는 함께 제출하세요.

성명(　　　　　), 수험번호 □□□-□□-□□□□

[問 1-33] 다음 밑줄 친 漢字語의 讀音을 쓰세요.

〈보기〉

漢字 → 한자

[1] 소리와 빛도 속력을 計算할 수 있습니다. 〈과학 5〉

[2] 세상을 떠나는 일을 別世라고 합니다.

[3] 송편은 추석에 먹는 대표적인 飮食입니다. 〈국어 1〉

[4] 公正한 사회를 건설합니다.

[5] 탈 인형극은 손을 넣어 表現합니다. 〈국어 2〉

[6] 학자는 本然의 자세를 지켜야 합니다.

[7] 형제들 사이에는 共通점이 많습니다.

[8] 그림자는 광원 반대 方向에 생깁니다.

[9] 工業의 발달로 생활이 편리해졌습니다.

[10] 형은 전교에서 모범생으로 所聞나 있습니다. 〈도덕 3〉

[11] 이과 科目에 좋은 점수를 받았습니다.

[12] 주변에서 美術 작품을 감상할 수 있는 곳을 찾아봅시다. 〈미술 3〉

[13] 風光이 아름다운 곳에 정자를 짓습니다.

[14] 0.1과 같은 수를 小數라고 합니다.

[15] 튤립과 글라디올러스는 球根 식물입니다.

[16] 겨울에는 따뜻한 內服을 입습니다.

[17] 農園에 정원수와 과수를 심습니다.

[18] 氣體도 액체나 고체처럼 무게가 있습니다. 〈과학 3〉

[19] 정한 시간에 交代로 보초를 섭니다.

[20] 電話를 자주 드려 할머니를 기쁘게 해드립니다. 〈생활의 길잡이 3〉

[21] 첫 對面에 좋은 인상을 받았습니다.

[22] 의자 뒷면에 좌석 番號가 붙어있습니다. 〈과학 3〉

[23] 地圖에도 나오지 않는 작은 섬이 있습니다.

[24] 家庭이 화목하면 모든 일이 잘 이루어진다는 말이 있습니다. 〈도덕 3〉

[25] <u>年度</u>에 따른 쌀 생산량을 비교해 봅니다.

[26] 옷자락이 문에 걸리지 않도록 <u>注意</u>합니다. 〈바른생활 1〉

[27] 유명 작가의 <u>新作</u> 소설을 읽습니다.

[28] <u>童心</u>의 세계로 돌아가고 싶습니다.

[29] 이름난 집안을 <u>名門</u>가라고 합니다.

[30] 신체 <u>活動</u>을 꾸준히 해야 건강합니다.

[31] <u>太陽</u>은 스스로 빛을 내는 가장 대표적인 물체입니다. 〈과학 3〉

[32] 좋은 인재를 많이 <u>登用</u>합니다.

[33] 서로 같음을 표시하여 "="로 묶는 것을 <u>等式</u>이라고 합니다.

[問 34-55] 다음 漢字의 훈과 음을 쓰세요.

〈보기〉

字 → 글자 자

[34] 待

[35] 頭

[36] 禮

[37] 親

[38] 短

[39] 野

[40] 族

[41] 信

[42] 幸

[43] 特

[44] 路

[45] 理

[46] 綠

[47] 角

[48] 郡

[49] 雪

[50] 班

[51] 溫

[52] 集

[53] 界

[54] 成

[55] 衣

[問 56-75] 다음 밑줄 친 漢字語를 漢字로 쓰세요.

<보기>

국어 → 國語

[56] 절수형 <u>수도</u>꼭지를 사용합니다. 〈생활의 길잡이 4〉

[57] 재래<u>시장</u>에서 물건을 삽니다.

[58] <u>추석</u>에 성묘를 갑니다. 〈국어 1〉

[59] <u>해군</u>에 가서 큰 배를 탑니다.

[60] 큰절하는 방법은 <u>남자</u>와 여자가 다릅니다. 〈국어 3〉

[61] 전시장 <u>입구</u>에서 안내문을 보고 이해를 높입니다. 〈미술 3〉

[62] 우리 회사는 <u>매월</u> 마지막 날에 월급을 받습니다.

[63] <u>일기</u>는 겪은 일이나 생각을 적는 글입니다. 〈국어 2〉

[64] <u>이중</u> 유리창 속에는 열이 잘 나가지 못합니다. 〈과학 4〉

[65] 형은 우리 마을 <u>이장</u>입니다.

[66] 쉬는 시간에는 <u>교실</u>에서 조용히 말합니다. 〈생활의 길잡이 1〉

[67] <u>생명</u>의 고귀함은 존중되어야 합니다.

[68] <u>화산</u>과 지진은 지표면을 격렬하게 변화시킵니다. 〈과학 4〉

[69] 반주에 맞춰 <u>가수</u>가 노래합니다.

[70] 하늘이 높고 푸른 가을날 <u>오후</u>입니다. 〈국어 3〉

[71] 지역 <u>주민</u>은 공공시설을 누구나 쉽게 이용할 수 있습니다. 〈사회 4〉

[72] 실내의 <u>식물</u>들이 공기를 정화시켜 줍니다.

[73] <u>부족</u>한 생산물은 다른 고장에서 들여옵니다. 〈사회 3〉

[74] <u>시간</u>을 아껴야 성공할 수 있습니다.

[75] 세종대왕은 <u>백성</u>을 진심으로 사랑하는 왕입니다. 〈국어 3〉

[問 76-78] 다음 漢字의 반대 또는 상대되는 글자를 골라 그 번호를 쓰세요.

[76] 祖 : ① 朝 ② 孫 ③ 習 ④ 消

[77] 夜 : ① 愛 ② 洋 ③ 晝 ④ 運

[78] 和 : ① 戰 ② 千 ③ 邑 ④ 寸

[問 79-80] 다음 漢字와 뜻이 비슷한 漢字를 골라 그 번호를 쓰세요.

[79] 樹 : ① 木 ② 線 ③ 勇 ④ 銀

[80] 便 : ① 者 ② 安 ③ 村 ④ 直

정답 : 184쪽

[問 81-83] 다음 ( ) 안에 알맞은 漢字를 〈보기〉에서 찾아 그 번호를 쓰세요.

〈보기〉
① 自 ② 有 ③ 苦 ④ 失
⑤ 半 ⑥ 今 ⑦ 中 ⑧ 病

[81] 同( )同樂 : 괴로움도 즐거움도 함께함.

[82] 東西古( ) : 동양과 서양, 옛날과 지금을 통틀어 이르는 말.

[83] 十( )八九 : 열 가운데 여덟이나 아홉 정도로 거의 대부분.

[問 84-85] 다음 중 소리(음)는 같으나 뜻(訓)이 다른 漢字를 골라 그 번호를 쓰세요.

[84] 在 : ① 章 ② 主 ③ 川 ④ 才

[85] 部 : ① 省 ② 分 ③ 夫 ④ 色

[問 86-87] 다음 뜻에 맞는 漢字語를 〈보기〉에서 찾아 그 번호를 쓰세요.

〈보기〉
① 強弱 ② 淸白 ③ 冬夏
④ 遠近 ⑤ 高下 ⑥ 立身

[86] 멀고 가까움.

[87] 강함과 약함.

[問 88-90] 다음 漢字의 짙게 표시한 획은 몇 번째 쓰는 획인지 〈보기〉에서 골라 그 번호로 쓰세요.

〈보기〉
① 첫 번째   ② 두 번째
③ 세 번째   ④ 네 번째
⑤ 다섯 번째 ⑥ 여섯 번째
⑦ 일곱 번째 ⑧ 여덟 번째
⑨ 아홉 번째 ⑩ 열 번째
⑪ 열한 번째 ⑫ 열두 번째

[88] 黃

[89] 例

[90] 使

♣ 수고하셨습니다.

정답

8급

1일차 ~ 11일차 [본문 15~37쪽]

1일차[본문 17쪽]	[1] 이	[2] 삼	[3] 사	[4] 한/하나	[5] 다섯
2일차[본문 19쪽]	[1] 륙	[2] 팔	[3] 구	[4] ②	[5] ①
3일차[본문 21쪽]	[1] ②	[2] ①	[3] ③	[4] ①	[5] ②
4일차[본문 23쪽]	[1] 소	[2] 중	[3] 대	[4] 흙	[5] 쇠/성
5일차[본문 25쪽]	[1] 형	[2] 부	[3] ②	[4] ①	[5] ③
7일차[본문 29쪽]	[1] 가르칠 교	[2] 남녘 남	[3] ②	[4] ①	[5] ③
8일차[본문 31쪽]	[1] 국	[2] 년	[3] 만	[4] ①	[5] ②
9일차[본문 33쪽]	[1] 메 산	[2] 흰 백	[3] 문 문	[4] ④	[5] ③
10일차[본문 35쪽]	[1] 실	[2] 외	[3] 인	[4] 임금	[5] 먼저
11일차[본문 37쪽]	[1] 마디 촌	[2] 배울 학	[3] 한국/나라 한	[4] ④	[5] ⑥

13일차 [본문 40~42쪽] 8급 기출문제

1. 팔	2. 월	3. 십	4. 오	5. 부
6. 모	7. 형	8. 제	9. 삼	10. 촌
11. ⑩ 火	12. ① 國	13. ⑨ 門	14. ③ 民	15. ④ 室
16. ⑧ 東	17. ⑥ 靑	18. ⑤ 山	19. ② 小	20. ⑦ 木
21. ⑩ 學	22. ① 敎	23. ⑥ 外	24. ⑦ 長	25. ⑨ 日
26. ⑧ 土	27. ③ 六	28. ② 南	29. ④ 北	30. ⑤ 先
31. 학교 교	32. 해 년	33. 일만 만	34. 흰 백	35. 물 수
36. 임금 왕	37. 가운데 중	38. 일곱 칠	39. 한국/나라 한	40. 한 일
41. ① 아홉	42. ④ 둘	43. ③ 크다	44. ② 계집	45. ④ 사
46. ① 금	47. ③ 인	48. ② 서	49. ⑧ 여덟 번째	50. ② 두 번째

7급 Ⅱ

14일차 ~ 24일차 [본문 43 ~ 65쪽]

14일차[본문 45쪽]	[1] 집 가	[2] 수레 거(차)	[3] 장인 공	[4] 민간	[5] 강산
15일차[본문 47쪽]	[1] 기운 기	[2] 기록할 기	[3] 사내 남	[4] ②	[5] ③
16일차[본문 49쪽]	[1] 도	[2] 동	[3] 력	[4] ②	[5] ③
17일차[본문 51쪽]	[1] ②	[2] ③	[3] ①	[4] ①	[5] ③
18일차[본문 53쪽]	[1] 윗 상	[2] 성 성	[3] 일 사	[4] ②	[5] ①
20일차[본문 57쪽]	[1] 때 시	[2] 손 수	[3] 편안 안	[4] ⑤	[5] ⑦
21일차[본문 59쪽]	[1] ③	[2] ②	[3] ①	[4] 좌우	[5] 남자
22일차[본문 61쪽]	[1] 온전 전	[2] 바를 정	[3] 번개 전	[4] ③	[5] ①
23일차[본문 63쪽]	[1] ①	[2] ③	[3] ②	[4] ②	[5] ①
24일차[본문 65쪽]	[1] 말씀 화	[2] 뒤 후	[3] 바다 해	[4] ④	[5] ⑥

26일차 [본문 68 ~ 70쪽] 7급 Ⅱ 기출문제

1. 화력
2. 세상
3. 중간
4. 매일
5. 형제
6. 좌우
7. 농토
8. 오촌
9. 서대문
10. 성명
11. 생활
12. 정오
13. 외가
14. 부자
15. 인기
16. 산수
17. 직전
18. 장녀
19. 십만
20. 공군
21. 남해
22. 청년
23. 뒤 후
24. 먼저 선
25. 동녘 동
26. 임금 왕
27. 모 방
28. 나무 목
29. 저자 시
30. 한국/나라 한
31. 아래 하
32. 편안 안
33. 흰 백
34. 사내 남
35. 강 강
36. 말씀 화
37. 평평할 평
38. 어미 모
39. 때 시
40. 여덟 팔
41. 넉 사
42. 학교 교
43. ① 記事
44. ④ 孝道
45. ③ 民
46. ⑨ 北
47. ① 場
48. ⑦ 六
49. ⑥ 全
50. ④ 九
51. ② 工
52. ⑧ 答
53. ⑩ 車
54. ⑤ 三
55. ③ 敎
56. ② 手
57. ③ 室內
58. ② 電動
59. ⑥ 여섯 번째
60. ⑥ 여섯 번째

정답

7급

27일차 ~ 37일차 [본문 71 ~ 93쪽]

27일차[본문 73쪽]	[1] 입 구	[2] 기 기	[3] 한가지 동	[4] 교가	[5] 동민
28일차[본문 75쪽]	[1] 겨울 동	[2] 올 래	[3] 마을 리	[4] ③	[5] ①
29일차[본문 77쪽]	[1] 면	[2] 문	[3] 문	[4] ③	[5] ①
30일차[본문 79쪽]	[1] ③	[2] ②	[3] ①	[4] ②	[5] ①
31일차[본문 81쪽]	[1] 적을 소	[2] 셈 수	[3] 마음 심	[4] ③	[5] ⑧
33일차[본문 85쪽]	[1] 말씀 어	[2] 있을 유	[3] 기를 육	[4] ③	[5] ①
34일차[본문 87쪽]	[1] ③	[2] ②	[3] ①	[4] 주소	[5] 조모
35일차[본문 89쪽]	[1] 무거울 중	[2] 땅 지	[3] 일천 천	[4] ①	[5] ③
36일차[본문 91쪽]	[1] ①	[2] ③	[3] ②	[4] ③	[5] ②
37일차[본문 93쪽]	[1] 날 출	[2] 여름 하	[3] 쉴 휴	[4] ⑧	[5] ⑦

39일차 [본문 96 ~ 98쪽] 7급 기출문제

1. 식목 2. 오월 3. 구중 4. 차편 5. 왕자
6. 사물 7. 생명 8. 주인 9. 화초 10. 도민
11. 교육 12. 수기 13. 장남 14. 전화 15. 동문
16. 휴학 17. 외가 18. 효녀 19. 등산 20. 좌우
21. 농촌 22. 삼촌 23. 활동 24. 남해 25. 직전
26. 실내 27. 소년 28. 후식 29. 장소 30. 공중
31. 매일 32. 색지 33. 대답 답 34. 낯 면 35. 고을 읍
36. 먼저 선 37. 늙을 로 38. 가을 추 39. 할아비 조 40. 모 방
41. 그럴 연 42. 기운 기 43. 살 주 44. 서녘 서 45. 때 시
46. 겨울 동 47. 아우 제 48. 이름 명 49. 북녘 북 50. 기 기
51. 수풀 림 52. 강 강 53. ③ 算數 54. ② 軍歌 55. ⑧ 里
56. ② 來 57. ⑨ 火 58. ⑦ 夕 59. ① 校 60. ⑤ 春
61. ⑩ 世 62. ③ 有 63. ④ 夫 64. ⑥ 工 65. ③ 地
66. ① 出 67. ① 自立 68. ④ 正午 69. ⑥ 여섯 번째 70. ⑨ 아홉 번째

6급 Ⅱ

40일차 ~ 56일차 [본문 99 ~ 133쪽]

40일차[본문 101쪽] [1] 뿔 각	[2] 높을 고	[3] 각각 각	[4] 세계	[5] 계산
41일차[본문 103쪽] [1] 과목 과	[2] 공 공	[3] 실과 과	[4] ③	[5] ②
42일차[본문 105쪽] [1] 이제 금	[2] 짧을 단	[3] 급할 급	[4] ③	[5] ①
43일차[본문 107쪽] [1] ③	[2] ②	[3] ①	[4] 독서	[5] 상대
44일차[본문 109쪽] [1] 아이 동	[2] 이할 리	[3] 무리 등	[4] ②	[5] ①
46일차[본문 113쪽] [1] 반 반	[2] 들을 문	[3] 밝을 명	[4] ①	[5] ③
47일차[본문 115쪽] [1] ①	[2] ②	[3] ③	[4] 部分	[5] 放出
48일차[본문 117쪽] [1] 줄 선	[2] 눈 설	[3] 살필 성/덜 생	[4] ②	[5] ③
49일차[본문 119쪽] [1] ③	[2] ①	[3] ②	[4] ③	[5] ①
50일차[본문 121쪽] [1] 약할 약	[2] 업 업	[3] 약 약	[4] 自信	[5] 新年
52일차[본문 125쪽] [1] 날랠 용	[2] 마실 음	[3] 옮길 운	[4] ①	[5] ②
53일차[본문 127쪽] [1] ③	[2] ②	[3] ①	[4] ①	[5] ③
54일차[본문 129쪽] [1] ①	[2] ③	[3] ②	[4] ③	[5] ②
55일차[본문 131쪽] [1] ①	[2] ③	[3] ②	[4] 窓門	[5] 東風
56일차[본문 133쪽] [1] 행운	[2] 온화	[3] 회식	[4] ②	[5] ⑤

58일차 [본문 136 ~ 138쪽] 6급 Ⅱ 기출문제

1. 조상   2. 안락   3. 초가   4. 도술   5. 각자
6. 추석   7. 세간   8. 광선   9. 시대   10. 백성
11. 육성   12. 부족   13. 직각   14. 공중   15. 내과
16. 오후   17. 신문   18. 도면   19. 기운   20. 소유
21. 기사   22. 남자   23. 농부   24. 동화   25. 답신
26. 출발   27. 공명   28. 계산   29. 동작   30. 등분
31. 등장   32. 물리   33. 뜰 정   34. 재주 재   35. 살 주
36. 그럴 연   37. 창 창   38. 약 약   39. 모양 형   40. 싸움 전
41. 날랠 용   42. 지경 계   43. 모을 집   44. 부을 주   45. 설 립
46. 봄 춘   47. 마실 음   48. 이할 리   49. 실과 과   50. 번개 전
51. 화할 화   52. 급할 급   53. 집 당   54. 다행 행   55. 겉 표
56. 기 기   57. 골 동   58. 나타날 현   59. 바람 풍   60. 쉴 휴
61. 살 활   62. ④ 半↔反   63. ③ 平↔便   64. ③ 身   65. ① 弟
66. ③ 昨今   67. ⑥ 食前   68. 八寸   69. 萬國   70. 學年
71. 生日   72. 校外   73. 先山   74. 南軍   75. 水門
76. 土人   77. 父女   78. ⑤ 다섯 번째   79. ⑧ 여덟 번째   80. ⑧ 여덟 번째

정답

6급

59일차 ~ 75일차 [본문 139 ~ 173쪽]

59일차[본문 141쪽]	[1] 느낄 감	[2] 서울 경	[3] 열 개	[4] ④	[5] ②
60일차[본문 143쪽]	[1] 사귈 교	[2] 구분할/지경 구	[3] 고을 군	[4] 고생	[5] 근본
61일차[본문 145쪽]	[1] 가까울 근	[2] 기다릴 대	[3] 많을 다	[4] ①	[5] ③
62일차[본문 147쪽]	[1] 법식 례	[2] 예도 례	[3] 길 로	[4] 녹색	[5] 선두
63일차[본문 149쪽]	[1] 성 박	[2] 아름다울 미	[3] 오얏/성 리	[4] 耳目	[5] 白米
65일차[본문 153쪽]	[1] 차례 번	[2] 근본 본	[3] 옷 복	[4] ⑤	[5] ①
66일차[본문 155쪽]	[1] 자리 석	[2] 돌 석	[3] 하여금/부릴 사	[4] ⑤	[5] ③
67일차[본문 157쪽]	[1] 나무 수	[2] 이길 승	[3] 법 식	[4] 학습	[5] 자손
68일차[본문 159쪽]	[1] 잃을 실	[2] 사랑 애	[3] 밤 야	[4] 석양	[5] 평야
69일차[본문 161쪽]	[1] 말씀 언	[2] 꽃부리 영	[3] 따뜻할 온	[4] ②	[5] ④
71일차[본문 165쪽]	[1] 말미암을 유	[2] 기름 유	[3] 은 은	[4] ⑤	[5] ⑧
72일차[본문 167쪽]	[1] 놈 자	[2] 있을 재	[3] 의원 의	[4] ①	[5] ③
73일차[본문 169쪽]	[1] 겨레 족	[2] 정할 정	[3] 친할 친	[4] ①	[5] ②
74일차[본문 171쪽]	[1] 합할 합	[2] 다닐 행/항렬 항	[3] 클 태	[4] ①	[5] ⑤
75일차[본문 173쪽]	[1] 가르칠 훈	[2] 향할 향	[3] 이름 호	[4] ⑨	[5] ⑤

77일차 [본문 176 ~ 179쪽] 6급 기출문제

1. 계산
2. 별세
3. 음식
4. 공정
5. 표현
6. 본연
7. 공통
8. 방향
9. 공업
10. 소문
11. 과목
12. 미술
13. 풍광
14. 소수
15. 구근
16. 내복
17. 농원
18. 기체
19. 교대
20. 전화
21. 대면
22. 번호
23. 지도
24. 가정
25. 연도
26. 주의
27. 신작
28. 동심
29. 명문
30. 활동
31. 태양
32. 등용
33. 등식
34. 기다릴 대
35. 머리 두
36. 예도 례
37. 친할 친
38. 짧을 단
39. 들 야
40. 겨레 족
41. 믿을 신
42. 다행 행
43. 특별할 특
44. 길 로
45. 다스릴 리
46. 푸를 록
47. 뿔 각
48. 고을 군
49. 눈 설
50. 나눌 반
51. 따뜻할 온
52. 모을 집
53. 지경 계
54. 이룰 성
55. 옷 의
56. 水道
57. 市場
58. 秋夕
59. 海軍
60. 男子
61. 入口
62. 每月
63. 日記
64. 二重
65. 里長
66. 教室
67. 生命
68. 火山
69. 歌手
70. 午後
71. 住民
72. 植物
73. 不足
74. 時間
75. 百姓
76. ② 孫
77. ③ 畫
78. ① 戰
79. ① 木
80. ② 安
81. ③ 苦
82. ⑥ 今
83. ⑦ 中
84. ④ 才
85. ③ 夫
86. ④ 遠近
87. ① 強弱
88. ⑦ 일곱 번째
89. ⑤ 다섯 번째
90. ⑥ 여섯 번째